狩猟サバイバル

服部 文祥

みすず書房

狩猟サバイバル◇目次

プロローグ

ヤブの斜面に沈み込むように身を横たえて目を閉じてから、どのくらい経っただろう。うつらうつらと半覚醒のなかで遠くに鹿の鳴き声を聞いたような気がした。手に軽く力をいれて、お腹にのせるように持っている銃の存在を確認する。待ち伏せ中に眠ってしまったようだ。目を開けなくてはと思うのだが、まだ眠気がまさっている。

鹿の鳴き声は警戒音ではなかった。ぴいぴいとなにかを諭すように小さく鳴いていた。はじめて聞く鳴き方だ。鹿は必要がなければ声をたてない。

右手の奥、大菩薩峠のほうからその鳴き声は聞こえてきた。峠からは、はっきりしたケモノ道がこちらに向かっている。それにうまく乗っていれば、私の目論見どおり鹿が目の前に来るかもしれない。そこまで考えて、うっすら開けていた目を閉じ、息を吐いて身体の力をいったん抜いた。

やや右のさがったところに、五つのケモノ道が交差する場所がある。私が寝ているところから約二〇メートル。右利きの私にはやや銃を向けにくい位置になるが、複数ある私の待ち伏せポイントのなかでも鹿の往来が多いと睨んでいる場所だ。

ピイ、と優しく訴えるような鳴き声がふたたび聞こえてきた。さっきより声が近い。

ドクリ、と心臓が動いた。

私の猟歴は三シーズン。その三シーズンで二頭の鹿を仕留めただけだ。これまで、ここぞと思った場所で長時間待ち伏せして、思惑どおり鹿がやってきたことはない。

ドクリ、とまた心臓が動いた。鼓動は大きくなったが、意識されるほど速くなっているわけではない。

かさかさとササが擦れる音が聞こえ、ぺきん、と小枝を踏み折る音が小さく響いた。

鹿は近くまできている。おそらく二頭以上。仰向けに寝ていた身体をゆっくり起こした。音を立てないようにそっと銃の安全装置を解除する。

そして座ったまま、薄いササヤブのやや右下にある小さく開けた台地に銃口を向けた。

銃を構えてすぐだった。私が本命と睨んでいた右奥のケモノ道から、トコトコと鹿があらわれ、広場を横切って、台地の左端で歩みを止めた。時間の感覚が消えて、万物の輪郭が鮮明になってゆく。鹿は私の存在にまったく気がついていない。頭を下げて耳をぴくぴくと動かし、また頭を上げて、来たほうをうかがっている。

ヤブの向こう約二〇メートル斜め右下に、野生動物と自分が仕切るものもなく位置している。その「不自然な至近距離」が私のなかに居心地の悪さを広げていく。

ケモノ道はその台地から斜面にくだる一本と横につづく二本、上に向かう一本にわかれていた。

上下への踏み跡は薄く、日常的に使っている道ではない。横の二本のどちらかに乗ればもう少しだけ私に近づいてくる。だが、確証はない。斜面を下りていってしまうかもしれない。今撃つべきか、待つべきか。

照星（銃の照準の前方の目印）を照門（同じく後ろの目印）の上にのせるように重ね、その先に鹿が来るように狙いを定めた。重なった照準の向こうで、狙われていることを知らない鹿が無警戒でたたずんでいる。

思いきって、引き金を引いた。不意討ちの爆音が森の静寂をやぶり捨てる。銃声とともに、鹿がぴょんと跳び上がった。

「弾を下に外したらケモノはぴょんと跳ねる」といったのは狩猟の師匠・タカノリさんだ。「上に外したらさっとしゃがむ」と台詞はつづく。聞いたときはそんなバカなと思っていたが、少なくとも半分は本当だった。鹿にダメージはなく、ぴょんと跳ねた。私は弾を下にはずしたのだ。

狙われていたことを悟った鹿が走り出した。鹿は横につづくケモノ道を跳ぶように走りながら私の下方の斜面を走り抜けていく。私は立ち上がり、ボルトを操作して次弾を送り込んだ。そして私の真下、距離一五メートルほどのところに来たときに、引き金を引いた。

ふたたび無遠慮な銃声が森の中にこだました。反動とともに、銃口から噴き出す煙と火薬のカスで、先の景色が一瞬見えにくくなる。鹿の跳躍に変化はない。ハズレ。銃に込めてある弾はあと一発。どうにかして最後の一発を鹿の肉体に撃ち込み、どこかを破壊しなくてはならない。

ボルトを操作して次弾を送り込み、逃げていく鹿に銃を向けた。はげしく動く鹿に撃ちかけるチャンスがつかめない。開いていく私と鹿の距離に比例して、あきらめの気持ちが広がっていく。

鹿がぱっと立ち止まった。距離は三〇メートル。遠くなったが、二本のカラマツのあいだに身体のほとんどが見えていた。木と木のあいだ、狙うのではなく、障害物のあいだを通すと考えると不思議と弾は当てやすい。動くな、そこで動くな、と念じながら狙いを定めた。

木のあいだに見えている鹿は自分の来たほうをうかがっていた。なにかを探すように——。

鹿の視線の先に何があるのか。猟銃越しに、ちらりと斜面をうかがってみた。私の真下、一〇メートルほどのところに別の鹿が一頭たたずんでいた。

三〇メートル先の木のあいだに立つ鹿と真下一〇メートルの鹿、どちらがいいか一瞬迷い、銃を戻して真下に向けた。狙いが定まるまでの一秒がもどかしい。先に鹿が跳ぶか、私が引き金を引くか——。

照星照門を重ねたその先に鹿を置き、引き金をひいた。鹿の急所は平首といわれる首の付け根である。首、背骨などの脊椎系、もしくは心臓か肺などの循環系（バイタルエリア）に弾を当てるとよいといわれる。だがそんな贅沢は二の次、鹿の身体の真んなかに向けて銃を撃った。

真下にいた鹿は銃声を合図のように勢いよく走り出した。ぽんぽんぽんと跳びながら木のあいだに止まっていた鹿の横をすり抜け、左下のヤブのなかへ跳び抜けていく。たたずんでいた鹿もあわててあとを追うようにヤブに消えた。

バサバサバサと派手な音がササヤブのなかを遠ざかっていった。銃に弾が残っていない私は二頭の鹿が逃げていくのをただ眺めているしかなかった。

しんとした数秒が流れ、また、遠くでガサガサとヤブのなかを歩く音がする。そしてピッ、ピッと二回鋭く鹿が鳴いた。

最初の二発はともかく、三発目も外したことがうまく理解できなかった。一〇メートルと離れていない鹿を撃ち漏らしたことを、いったいどう考えればいいのだろう。腕の問題なのか、銃の問題なのか、もっと別の問題なのか。

ピイ、ピイ、という鹿の声がふたたび左下のヤブから聞こえてきた。離ればなれになった仲間を呼ぶ声なのか、危機を乗りきった喜びなのか。

撃って外したらかならず撃ったところを見に行け、というのも、タカノリさんに何度も聞かされてきた教えである。私はまず、一〇メートル下の鹿が立っていたところに行き、そのまま鹿が走り去ったケモノ道を、血痕を探して歩いてみた。弾が当たった証《あかし》はなにも見つけられなかった。そのままきびすを返し、一発目を撃ったときに鹿が立っていた台地を見に行った。台地にはさっきまでそこにいた鹿の真新しい足跡が残っていた。

しばし立ちつくし、あたりを見まわしたり、残された足跡をもう一度みたり、鹿が近づいてきてから、逃げ去るまでを思いかえしたりしていた。それでも気持ちの整理はつかなかった。

あきらめて下山するか、場所を変えるしかない。ひとつでも銃声を鳴らしてしまったら、待ち伏せポイントはしばらく使い物にならない。

寝ていた場所に戻り、荷物をまとめながら、今の体験をもう一度頭のなかで再生させていた。三発目の記憶映像を何度も何度も頭のなかで検証する。どうして弾が当たらなかったのか——、何度考えてもわからなかった。

ピイ、ピイ、というさっきの鹿の声がもう一度、下のほうから聞こえてきた。

考え方を一八〇度変えて、当たったのかもしれない、と考えてみた。私はもう一度、二頭目の鹿が駆け抜けていったケモノ道をたどりながら、血痕や肉片、抜けた毛などが落ちていないか、鉄砲を肩にじっくり歩いてみた。赤く紅葉した落ち葉を血と見間違えることはあっても、血痕を見つけることはできなかった。

そのまま五〇メートルほどケモノ道をたどった。当たっていたなら、これほどの距離をひとつの血痕も残さずに進むことは不可能だ。やはり外したのだ。しかしなぜ、とまたさっきの堂々巡りに戻ってしまう。どうせなら二〇〇メートルぐらい見ておこうと思って、さらに下につづいているケモノ道をたどっていった。

あきらめきって歩いていると、すぐ先の太い木の根元に茶色い毛皮が丸く盛られているのが目についた。

一瞬息をのみ、手だけで銃の存在を確かめる。

そして一歩近づいた。鹿の毛皮……のようだった。

獲物？　いや、自然死の死骸か？

「生き物を殺す」と書いてそのまま殺生という言葉になる。だが見方を変えれば「殺して生きる」と読めなくもない。もし獲物ならそれは私にとって三頭目の鹿だった。毛皮の塊に歩み寄る自分がここでもまた殺生とはなにかという問いに歩み寄っていたのだということに気がつくのは、すこしあとのことだった。

第一章　巻き狩り

熊は両手をあげて叫んだ。
「おまえは何がほしくておれを殺すんだ」
――宮沢賢治「なめとこ山の熊」

「登山とはなにか、なぜ登るのか」が人生の命題だった。それはいまでもつづいている。二〇年、山に登りつづけて、得た答えのひとつが、自分の力で登るのが登山である、というものだ。当たり前のようで、これがなかなかむずかしい。

日本中の山が道や山小屋で整備され、情報が溢れ、常識と呼ばれる圧力が余計な道具やルールを押しつけてくる。

そうやって保護され、マニュアル化された山に登り、私は果たして自分の力で山を登っているといえるのだろうか？　登山道や便利な道具や、情報がなくても私は山に登れるのだろうか？

疑問の先で、私は身体から装備を外し、米と調味料以外の食料をザックから抜き、五万分の一地形図以外の情報から目も耳もふさいで、登山道をつかわず、長く山を旅するというスタイルに行き着いた。サバイバル登山と呼んでいる山登りである。一九九九年からはじめたこの登山に入れ込み、これまで北海道の日高山脈全山や、北アルプス縦断、南アルプス縦断、東北の白神《しらかみ》山地周遊、八幡《はちまん》平《たい》横断、和賀《わが》山塊縦断、新潟の下田川内《しただかわち》山塊縦断など、短いときで三〜四日、長いときは一ヵ月の山旅をつづけてきた。

サバイバル登山では、自分で食料を調達する。自分の食べるモノを自分で捕って、殺して食べる。食べられるかどうかは、自分の知識と舌で判断する。生き物なら当たり前のこの行為が、私には新鮮だった。生きるとはなにかの答えが、ひとつひとつ、そこにはある気がした。

その体験は、日頃食べている食事に対する意識も変えた。スーパーに溢れている誰かが育てて収穫した野菜、誰かが育てて殺した家畜、誰かが漁にでて捕った魚。食べる、そのために殺す。このふたつの行為は切り離せない。なのに日常生活では「食べる」と「殺す」は遠く離れたところで別々におこなわれている。

これまでのサバイバル登山で、数百単位の岩魚を殺して食べてきた。だが、街に戻って営む当たり前の自分の生活には「殺し」の匂いを感じることはなかった。システムをどうこう言うつもりはない。私だって、殺生や死に強い負のイメージを感じる人間の一人である。しかし、私の食べる家畜を誰かが私の代わりに殺している。それが、サバイバル登山を体験したあとではしっくりこなかった。豚の細切れ一〇〇グラム百数十円。この肉の値段に「殺し」の値段は含まれているのだろうか。含まれているなら、私は殺しを買っている。含まれていないなら、誰かが好意で私の代わりに殺している。

登山ではこだわる「自分の力」が、日頃口にする肉のなかからはすっぽり抜けおちていた。サバイバル登山で感じた生きる実感が抜けている。食べている肉は肉ではなく命であるという真実が抜けているのだ。

「自分の力」にこだわるなら、自分で殺してみるべきだ。果たして自分で殺さなくてはいけなくても、私は肉を食べるだろうか。

食べるだろう。その覚悟はある。負の行為を自分で背負う覚悟はある。それどころか、負の行為を通して、そこで何を感じるのかを私は体験してみたい。

やや頭でっかちな説明だが、私が猟銃の所持許可と狩猟免許を取得したのは、そんな思いがあったからだった。


狩猟はケモノを撃つシーンばかりが意識され、他の部分は見過ごされがちである。ケモノを撃つのは、たしかに狩猟行為の頂点に位置する瞬間だ。登山なら登頂の瞬間といっていい。だが、登頂が登山行為の一部でしかないように、狩猟でも撃つのは狩猟行為のほんの一部であり、それまでの過程に比べて別段難しいものではない。

巻き狩りをモデルに撃つまでに何があるのか。簡単に説明しよう。

巻き狩りとは、犬にケモノを追い出させて、それを猟師が鉄砲で撃つ猟をいう。犬がいなければこの猟ははじまらない。

狩猟行為の最初にある作業は「アシを見る」ことだ。地面や雪面に残された足跡を手がかりに、ケモノがどこに潜んでいるのかを同定する作業である。私は山梨県の東部、東京都に隣接する山村で狩猟チームの一員に加えてもらっている。東日本の狩猟者を集めた会議を取材したとき、その山村から参加していたマスオさんとたまたま知り合い、仲間に加えてもらったのだ。山梨県東部で大物猟一番の狙いはイノシシである。鹿はまあ、獲《と》れればそれにこしたことはないといった程度で、熊は番外の大物に位置している。

鹿とイノシシではイノシシのほうがおいしい。しかも、畑を荒らす被害が激しいのもイノシシで、仕留めれば、うまい肉を手に入れたうえに村人には喜ばれる。

というわけで、アシ（足跡）を見る場合、まずはイノシシの足跡を探す。鹿の足跡とイノシシの足跡は似ているが、イノシシは足の後ろ側についた蹴爪《けづめ》が低く、足跡にも蹴爪の跡が残る。鹿の蹴爪は高いところについているので、雪が深くなければ、足跡は二本の蹄《ひづめ》だけだ。

仲間が畑仕事や山仕事のついでに得てもちかえった情報や、村人から聞いた目撃情報などを元に、イノシシが通っているケモノ道を予想して足跡を探しに行く。ケモノが通る道はおおよそ決まっている。寝屋（ケモノが寝る場所）、ヌタ場（ケモノが泥浴びをする場所）、エサ場をつないで安全で歩きやすく、効率的な道をケモノは歩いている。イノシシ、鹿、熊のすべてが使うハイウェイのようなケモノ道もあれば、それから派生する枝道もあり、またケモノの種類によって微妙に通る場所が違う場合もある。首尾よく足跡を見つけたら、それがどちらに向いているか、たとえば畑に出てきた足跡なのか、畑から帰った足跡なのかなど、ケモノの出入りを予想する。

四方が山に囲まれた村内に猟場は大きく分けて五つある。そのなかから、有望と思われる猟場を二、三選んで足跡を探すことが多い。

『そっちはどうだ。ドーゾ』

『昨晩と思われるアシがあるぞ。少なくとも雨の後だ』

『ジロウさんの畑がやられたのはいつだ』

『水曜日だ』

『こっちのアシは古いな』

そんな連絡を無線で取り合いながら、もっとも有望な足跡に狙いをつけ、その日の猟場を決定する。

休日を一日費やす猟を空振りに終えるのは誰にとってもしのびない。だから、自分の見た足跡が有望なのか、そうではないのか、不安なものだ。最終的にはどこかに決めてはじめなければしょうがない。自信があるときもあれば、ギャンブルの場合もある。

有望な足跡がある場合は、そのイノシシがどこに寝ているか、どっちに移動したかをかなり細部までシミュレーションする。これはケモノ道のつながりや寝屋の場所などがわかっていないとむずかしい。

山登りに関しては私の経験はかなり深い……つもりだが、登山経験はケモノの行動予想にはほとんど役に立たない。それは登山者と山との関わりが「線」だからだと思う。登山とは、登山道もしくは登攀ルートという線をたどって山頂という点にいたる行為なのだ。狩猟者は、尾根や谷がつくり出す山岳地形全体にケモノ道や寝屋、ヌタ場などの要素を配置して、猟場全体を「面」で把握している。

足跡を探す「見切り」が済んだら、いったん集まって話し合う。

「ホンダの植林に寝ているとしたら、尾根のタツ（待ち伏せ場所、タツマともいう）は栗ノ木と笹肩、できれば塚に一人、水源の谷にも一丁いるな」

「そうだ。でも谷に下りたら、どっちに行く？　峠にかかるか」などという会話を聞いていると、猟師たちが地形をかなりクリアな3D映像で頭のなかに思い浮かべていることがわかる。私もわからないなりに口を挟む。

「ヌタ場の尾根には誰かいなくていいんですか？」

「あそこは、笹肩のタツマと重なるからいらないな」

獲物の位置をシミュレーションし、待ち伏せの配置が決まったら、犬を連れてケモノを追い出す「犬かけ」と、獲物を待ち伏せする「タツ（撃ち手）」に分かれる。撃ち手はケモノが逃げたとき通りそうなケモノ道にそれぞれ配置される。もちろん山のどこにケモノ道があるかわかっていないとお話にならない。犬を山の下から放す場合は、尾根上の峠やケモノ道が交差する斜面に撃ち手が散り、山の上から犬をかける場合は、撃ち手を沢筋や尾根の末端に配置することが多い。

犬を放したら、犬かけが犬を追い、その動きを無線で報告する。

『犬は匂いを取って東に向かっているぞ』などという無線が入る。

撃ち手はただじっと座っている。犬が山に入っただけで、それを嫌って動く鹿もいる。犬がケモノを追い出さなくても、つねに警戒していなくてはならない。

「主導権」という言葉をスポーツの試合で使う。その試合を有利に進める、もしくは意のままに進める側がもつ抽象的な勢いのようなものだ。オフェンスかディフェンスかという分類とは違う。

「対応される側か、対応する側か」ということだ。

狩猟の場合、主導権はほとんど獲物がもっている。狙う側は一点に向かって積み上げていく作業だが、逃げる側はどこかでそれを崩せばいい。たいていの物事は収束させるほうが拡散させるより手間がかかって難しい。犬を放す前、われわれはこまかいところまで状況を想像し、かなり明確なイメージをもって、狩りを始める。しかし、ほとんど毎回、その予想は数分で瓦解する。ケモノが包囲網に入っていなかったという場合は徒労に終わるわけだが、獲物がいた場合でも、猟師の予想どおりに動いてくれることはあまりない。猟師は無線を最小音量にして連絡を取り合いながら、つねに予測を超えたケモノの動きに対応していく。

といっても対応は、残念ながら待ちつづけるというのがメインになる。待ち伏せ場所に入った鉄砲撃ちは、身動きせずに待つ。どうやら自分の待ち伏せ場所にケモノが来ないとわかっても待つ。もしかしてケモノはすぐそこまで来ているかもしれず、かつ、ケモノは音に敏感で、衣擦れですら聞きつけて、逃げてしまう。

狩りというのは、成功率のあまり高くない行為だ。本州でやっているなら、ひとりの狩猟者が一シーズンで数頭も仕留められれば、確率の高いほうである。われわれのチームは、シーズン中にかなりのケモノを仕留めるが、ひとり頭にすれば、二頭弱といったところだろう。

巻き狩りの場合、狩猟の首尾を左右するのは残念ながら人間ではない。猟犬の働きだ。賢くて、体力のある猟犬が育てば、それにともなって、仕留められるケモノの数も増えていく。やみくもにケモノを追い回すだけではなく、狩猟行為を理解して働く犬は多くはない。猟の世界には「一犬一銃」という言葉がある。ほんとうによい犬やよい銃には一生涯で一回しか出会えないという意味だ。工業水準の上昇とともに銃はかなりいいモノが誰にでも安く手に入れられるようになったが、優秀な猟犬を工場で作り出すことなどもちろんできない。

横浜で暮らして、山村の狩猟チームに加えてもらっている身分の私は、猟犬を家で飼うのは困難だし、連れていくのも無理がある。犬はケモノを追って遠くに行ってしまう。帰ってくるのが数日後という場合も多い。犬を回収することまで考えると、住んでいるところと猟場は近くないと難しい。日頃の生活で手にする情報がものをいうという意味でも、巻き狩りとはかなりローカルな行為だといえる。

罠猟も同じだ。まず、罠を仕掛ける場所を特定するだけで、猟場に関して深い知識をもっていなくてはならないし、仕掛けた罠を見て回らなくてはならない。週末ハンターの身では罠猟も難しい。

「自分の力で」ということを重要なテーマにしている私は、できるだけ自分の力だけでケモノを仕留めたいと思っている。犬に頼った巻き狩りは、自分が育てた犬ならばともかく、地元の仲間の猟犬に頼っている時点で、自分の力とは言いがたい。

今、私が一人で行なえるのは山のなかを歩き回り、ケモノとの偶然の出会いを期待する単独猟だ。自分の力でケモノを仕留め、解体し、街に下ろして食べる。ここまでをできるかぎり一人でやってみたいというのは、狩猟を具体的にはじめる前から漠然と描いていた夢だった。だから、山村で狩猟の勉強をさせてもらいながら、時間を見て一人歩きの単独猟もつづけてきた。

偶然の出会いを期待するとは言っても、その偶然の確率を少しでも上げる方法を自分なりに考えつづけている。

まず、鹿の多いところに行く。鹿が多い場所は、標高が高く、ササの生えているところである。つぎに撃ちやすい位置でうまく鹿と遭遇することを考える。出会い頭でぶつかるなら最高だが、鹿も馬鹿ではないので（馬鹿という語の半分を構成するだけあって切れモノとは言いがたい面もある）、人の姿を見ると逃げてしまう。とくに狩猟が許可されている地区の鹿は、奈良公園の餌付けされた鹿と違って、警戒心が強い。出会い頭で鹿と遭遇するには、道の曲がり角を利用することになる。尾根道は見通しがよいことが多いので、山の中腹につけられた巡視道などが狙い目だ。

山腹の巡視道が尾根を回り込んで突然視界が開けるようなポイントでは、銃床を肩につけて、安全装置に指をかけた状態で、ゆっくり前進する。いかにもケモノを狙っているという気分に浸る瞬間である。

最初のシーズン（〇五年から〇六年シーズン）、私が獲物に向けて発砲したのはたった一回だった。シーズンの終わり近くのある日、チームがケモノを仕留めることができずに一日を終えた夕方のことである。

登山出身で狩猟初心者の私はいつでもいちばん遠くの待ち伏せ場所を担当した。午後もおそくなって、狩猟終了の無線が入り、山奥の持ち場から村に向けて、私はゆっくり下山を開始した。林道の終点までは急いでも一時間はかかる。

歩きはじめて二〇分ほどだろうか。突然、目の前の登山道からヤブに鹿が跳んだ。すばやく銃を構え、姿を追うが、ササヤブの斜面を駆け下りる鹿に向けて発砲するタイミングがつかめない。撃てないまま見ていると、鹿はかなり下りたところで、いったん止まった。下の斜面に鹿の白いおしりが見えている。もう少しよく見えるところに移動したいが、そのあいだにまた走り出してしまうかもしれなかった。

私は狙いを定めて、引き金を引いた。爆音とともに左の耳がキーンとする。谷間に銃声がこだまし、鹿はヤブを飛び跳ねていった。ハズレ？ つんと甘い硝煙のニオイが鼻をつく。ボルトを操作して次弾を送り込みながら走った。だが、見渡しやすい斜面の上に立っても、そこには鹿の姿も、音もなかった。

獲物に向けて発砲したのは、このときだけで、最初のシーズンが終わった。

二シーズン目は幸先よくはじまった。狩猟期間がはじまって少し経った一二月初め、ひとり歩きをしていて、鹿に出会ったのだ。

その日、山は深い霧のなかだった。

「曇りの日は獲物が近い」

これは、狩猟の師匠・タカノリさんの教えである。その言葉のとおり、その日は早くから鹿を見た。峠を越えた山向こうの作業道で黒くて大きな鹿に出会ったのだ。一発撃ちかけ、かすりもしなかったが、昨シーズン以来、獲物に撃ちかけた二発目の経験だった。今シーズンはまだまだはじまったばかり。かなりいい滑り出しだと思った小一時間後、ヤブの中で小さな雌鹿を見つけた。鹿は窪地に走り去ったが、わたしも必死に走ると、向かいの斜面を登る姿を捉えることができた。一発撃つが当てるには遠かった。

昨シーズンはたった一発、しかも偶然出会えただけだったのに、その日は小一時間のひとり歩きで、二頭の鹿に出会って発砲した。かなり興奮させられたが、その日はそれだけでは終わらなかった。夕方近くになって、霧にかすむ斜面を登る二頭の鹿を発見したのである。霧の薄い部分では鹿の白い尻が見え、濃い霧にはいって姿を消した。遠い斜面に向かって、二発つづけざまに発砲したが、鹿が斜面を転げ落ちることはなかった。

いったいなんて日なんだ。四頭の鹿を見て、四発撃ちかけた。大物猟の世界では「三回見ればつぎは撃てる。三回撃てばつぎは当たる」という言葉がある。一〇年大物猟をやっていて自分の前に獲物が一回も現れたことがないというハンターもいる。私もとりあえずは、獲物に出会い、正しく認識し、発砲することを目標にしているレベルである。それが一日で三回出会って、四発撃ちかけたのだ。しかも単独猟である。鹿と自分の位置条件は悪いが、自分なりに少しは進歩している手応えを感じることができた。

しかも、その日はさらにつづいた。はじめて自分の弾が当たる瞬間がきたのである。霧にかすむ斜面を登る二頭の鹿に撃ちかけたすぐあとで、小尾根を回り込んだ。そこで見上げる窪状の斜面に二頭の鹿が立っていたのだ。その距離約二〇メートル。

私は銃を構えた。人間の出現に驚いた二頭の鹿はガレからヤブに向かって駆け上がっていった。前を登る鹿がヤブに入ろうとするところで、そいつに一発撃ちかけた。鹿の動きに変化はなく、先頭の鹿はヤブに消えた。すばやく次弾を送り込み、狙いを定める。後ろの鹿が身体を半分ヤブに隠したところで引き金を引いた。轟音が谷に響く。鹿はくるりと反転して向きを変え、また斜面を登っていった。あわててポケットを探った。だがポケットに弾はなく、足早に斜面を登っていく鹿を私はなすすべもなく見守るしかなかった。

「失敗した」と力なく思った。なんという失敗。

散弾銃に込められる弾は最大で三発と法律で定められている。私の猟銃ブローニングA－ボルトにも薬室に一発、弾倉に二発の合計三発、法律に定められた最大数の弾を込めることができる。だが、日に四頭の鹿に出会っていたそのとき、私はもう獲物に出会うことはないだろうと高をくくっていた。入山時にポケットに入れていた六発のうち四発を撃って、ザックにある予備弾を出さずに、銃に残っている二発で何とかなるだろうと思っていたのである。

「どんな場所でも撃って逃げられたらそこを見に行け」

これもタカノリさんの教えである。「たいてい弾は獲物の上を通ってるもんだ。銃は上にはずすものよ」と台詞はつづく。

「一生勉強」これもタカノリさんの口癖。ともかく、引き金を引いたら獲物の足跡と弾痕を確認する。それがつぎの猟につながる。とはいっても、獲物の足跡はともかく、土の斜面で着弾点を探し出すのはむずかしい。というか、ほとんど見つからない。それでも、獲物がいた現場から、自分が構えたところを見るだけでも得ることはある。ザックから弾を出して装塡《そうてん》し、現場まで登ってみた。するとと想像以上の発見がそこにはあった。鹿の毛が落ちていたのである。

「毛？」と思ってつまみあげ、そのままシカの足跡を追ってみた。すると一〇歩ほどうえに、かなりの生々しい血だまりが残っていた。弾が当たっていたのだ。

おそらく鹿が身体を反転させたのは、弾が身体に入ったからだったのだろう。同じく狩猟の師匠であり兄貴分でもあるマスオさんが「撃ったとたんに獲物がくるりと向きを変えて、おやっと思ったら、ばったり倒れたことがある」といっていた。弾は腹を貫通するか、かすするかした。出血量からしてたぶん貫通しているはずだ。

鹿の消えたヤブを伺いながら、弾倉にもう一発入っていれば……、と数分前と同じ後悔に顔をしかめた。あと一発あれば、最初の獲物を手にしていたかもしれなかったのだ。初物を単独猟で仕留めるという幸運がすんでのところですり抜けていった。だが今は後悔より、血痕を追うのが先だ。

時刻はすでに十五時を過ぎ、日はかなり傾いていた。冬至も近く、残された日照時間はわずかだ。血と足跡がつづくヤブのなかを急いだ。

最初、斜面を上がっていた血痕は、途中から横に横にと方向を変えていった。すぐそこに鹿が倒れているかもしれない。期待と覚悟をもってヤブをかきわけた。だがしだいに血痕は乏しくなっていった。広い草原の斜面に出たところで、今度は足跡が少し下りはじめた。弱っているのか？　頼りの血痕は数メートルおきにようやく確認できる程度になっていた。足跡も新しいものが複数交錯していて半矢（手負い）の鹿がどれなのか確定するのが難しい。ヤブの中を一キロほど追いかけたが、やがて日が沈み、血痕も乏しくなり、私の能力では追いかけることができなくなってしまった。はじめて自分の銃から撃ち出した弾が鹿に当たったのに、その鹿を見つけ出すことができないまま、あきらめて山を下りなくてはいけないのか……。

後ろ髪を強く引かれたが、夜を過ごす装備は持っていなかった。焚き火を熾こしてその横で朝を待つことは可能だが、そんな真冬の一夜はできれば遠慮したい。ここで夜を過ごしたからといって、半矢の鹿に追いつけるわけでもない。

二時間後、真っ暗になった林道をとぼとぼ歩いていると、車のライトがまぶしく私を照らして、停車した。入山を知っていたマスオさんが、私の帰りが遅いので、ドライブがてら林道をあがってきてくれたのだった。

助手席に座ってすぐに「どうだった」と聞かれ、私は話しはじめた。六頭の鹿に出会って、六発発射し、最後の一発が鹿に当たって――。話すほどに早口になり、同時にむなしくなっていった。マスオさんは私の話を疑いはしないだろう。ポケットには弾が当たった証拠の鹿の毛と血のついたササの葉も入っている。だが、獲物を持ってこなければ、撃った当たったは関係ない。全部ホラだといわれても仕方がない。それが狩猟の世界なのだ。

翌日は土曜日だった。村の猟師たちが巻き狩りのために集まっていた。

よそ者にもかかわらず村の狩猟集団に加えてもらっているかぎり、村で巻き狩りを行なうときは、その人員として働くのは私の務めだと思っている。最終的には単独でケモノを仕留める狩猟者になりたいという思いは強いが、巻き狩りで覚えることや、体験したこと、増えていく人脈は、お金で買うことができない尊いものでもある。だから、犬が出るときは喜んで巻き狩りのタツ（タツマにつく撃ち手）を行なってきた。

午前中の猟は空振りだった。午後になって猟場を移すことになり、私はタカノリさんと尾根を歩いていた。心の奥で半矢にした鹿が気になっていた。もし早い時間に獲物を仕留めることができたら、解体は仲間に任せて、昨日の鹿を追いたいと思っていたからだ。

巻き狩りはつづくが私は思いきって「オレ、きのう半矢にした鹿を追ってみたいんですが」と、タカノリさんに切り出してみた。

タカノリさんは薄い色の大きな目をしている。少し緑がかった薄茶色の瞳を見ていると射抜かれるような、吸い込まれるような感覚が身体を抜けていく。筋の通らないことをするとこの大きな目を剝《む》いて詰め寄ってくるので、隣村の猟師たちからはそのまま「目玉」というあだ名で呼ばれているほどだ。

半矢の鹿を出したいきさつはすでに話してあった。タカノリさんは歩みを止め、私のことをじっと見た。

「はじめて俺の撃った弾が当たった鹿なんで……」と私はつけ加えた。

「そうか。わかった」とタカノリさんは言った。「ナンなら一緒に行くか?」

「いや、一人でいいです。まだ終わってないのにすいません」

私はマスオさんに無線を飛ばした。「個人的な事情で申し訳ないのですが」と前置きして、半矢の鹿を見に行かせてもらいたいと伝えた。無線はすべての猟仲間が傍受しているはずだ。

そして私はタカノリさんを置いて走り出した。走りながら、自分の撃った鹿がどこかで息絶えている図を想像して、勝手に感傷的になっていた。ケモノを撃つだけならハンターである。レジャーハンターだと言っていい。撃った獲物を回収して、解体して、食べ尽くして猟師になる。それは獲物を殺す者の責任でもある。生きることの実感を求めて、食料と装備をできるだけ持たないサバイバル登山をはじめた。そしてその延長で、猟銃を手にケモノを追いはじめた。自分の食べる肉は自分で殺したケモノであるべきだと思ったからだ。

狩猟をしているというと、ほとんどの人が顔をしかめる。もしくは過剰に興味を示す。当たり前のように聞き流す人はほとんどいない。日々食べている肉が生き物だったことは誰もが知っている。知ってはいるが、自分の命と家畜の命の関係をうまく自分のなかで処理できている人は少ないと思う。生きるということは、もしくは食べるということは、殺すことである。自分の命を肯定するなら、われわれは殺しを肯定するところからはじめなくてはならないのだ。

半矢の鹿を求めて山道を走っていた私はヒーロー気取りだった。昨日撃った鹿を、あきらめずに追いかけて、肉が多少悪くなっていても解体して食べる、そんな自分に酔っていた。自分があの鹿を正しく殺すことができると思っていた。

現実はそんなに甘くなかった。山道を一時間以上走り、昨日鹿を撃ったところからふたたび血痕を追いはじめた。しかし、血は乾き、消えかけていた。昼間の明るい光でも、一日経った血痕を追うことは難しかった。昨日の追跡した最終地点から、一〇メートル進むのに一〇分かかった。一時間で一〇〇メートルほどしか進めず、私は途方に暮れ、鹿の発見をあきらめるしかなかった。

その後も、狩猟期間を通して、私は単独猟を行なった。何度か鹿に向かって撃ちかける機会はあったが、半矢を出した一二月の霧の日ほど、決定的なチャンスにはめぐりあえなかった。そして、狩猟期間の終わりがすぐそこまで来ていた。

その日、二月十一日の午前中は、村の裏山の北面に犬をかけた。犬は首尾よくケモノを追い出したようだったが、ケモノはタツマにはかからず、ダム湖を泳いで犬を振りきった。正午過ぎに犬を回収し、その日はもう、早上がりで終わるかという雰囲気になっていた。

だが犬かけのマスオさんから、『せっかくだから日向側にも犬をかけてみるか』と無線が入り、山を下りかけていた私とタカノリさんは、小さなピークを挟んだ峠でそれぞれ待ちにはいった。さらに東側のタツマに二人の仲間が位置どり、沢沿いのタツマに一人が車で向かった。

犬が放され、しばらく無線が沈黙する。このとき、タツマで静かに待っている撃ち手のなかには、小さな不安が生まれ、少しずつ大きくなる。無線が壊れて自分だけ事態を理解していないのではないか……、銃はうまく機能するか……、気づかないうちにケモノに包囲網を切られているのではないか……。静寂がつぎつぎと疑念を生み出してくる。そして、そっと無線の液晶を覗いてみたりする。

ガガッと無線が鳴った。

『起こしたぞ』ときて、『鹿が二頭だ』とつづいた。

二頭——というところが具体的だ。マスオさんは鹿を見たのだろう。経験上、犬かけが獲物を見たときは、仕留められる確率が高い。はるか下の斜面から犬の声がかすかに聞こえてきた。

「よし」と思う。タツマについた全員が、そう思ったはずだ。犬の声は東に向かい、われわれのほうにうまくケモノを追い込んでいる。今にもどこかのタツマから銃声が聞こえそうだ。それとも午前中のようにまた包囲網を切られるのだろうか。

私は尾根の頂点から日向側に一〇メートルほど入ったところに座っていた。風はなく、二月だというのに昼過ぎの日差しが暖かくて、防寒具はいらなかった。

座る前に、ウツ（ケモノ道）を見ようと少し斜面を下りた。

先週入ったのもこのタツマだった。忘れるわけがない。その日テルさんのライフルがイノシシをトメたのだ。先週はまだ雪がすこし残っていて、その上にいくらか新しいイノシシの足跡を見ることができた。そのときはイノシシの足跡から少し離れた大きなクヌギを背にしてタツマとした。西の峠のほうから山を巻くように犬が鳴きはじめ、私のすぐ下の日向側の斜面を東に過ぎていった。そしてひと呼吸、銃声が森にひびきわたった。犬はイノシシを追い出しており、二〇〇メートルほど隣のタツに入っていたテルさんのライフルが、木の合間を縫うように獲物を仕留めたのである。

大きなイノシシだった。チームでイノシシを仕留めたことは喜ばしい。だが私も猟師の端くれとしてケモノに向かって鉄砲を撃ちたかった。もし下のウツで張っていれば、仕留めたかはともかく、私が撃ちかけることができたかもしれなかった。

そして今、私は何となく、少し日向側の斜面に下りた。そこにはかすかだが、新しいウツがつづいていた。

落ち葉のつもった斜面がわずかにへこんでヤブの斜面を下っている。下の太いウツとうまく交差しているとしても、見通しは悪そうだ。

やはり尾根近くで張ることに決め、目の前のウツを本命とした。尾根の一段低いところにもわずかに踏み跡が見えるので、同時に見張ることができる場所を考えて座った。ケモノが本命を外して尾根にあがってきても、尾根のいちばん低いところを越えようとすれば、見えるという寸法である。

まだ、犬の声は遠かった。その日、最初の獲物を犬が追い出したら、みんな目の色を変えて集中する。だが、午後のラウンドは気温の上昇とともにケモノの匂いが飛んでしまうので、うまくいくことは多くない。捕れたらラッキーというおまけのような感じがある。

二月なのに暖かい午後が、大物猟という物騒なことをやっているにもかかわらず、私を穏やかな気持ちにさせていた。

そのとき、カサカサッと下のほうでかすかな音がして、静かになった。そしてまたカサカサッと音がした。小さくないなにかが、ゆっくり斜面を登っているような音だった。

ドキッとして「獲物かもしれない」と一瞬おもった。だが、その前に、ハンターはいつだって「人か犬かもしれない」という可能性を置いている。

ガサガサッとさらに音は近づいていた。犬だな、と私は思った。可能性を考えれば、高い順に、犬か、人か、鹿か、イノシシだ。最後のふたつなら、姿が見えたときに引き金を引かなくてはならない。だが鹿にしては音が小さい気がした。

それでも、木に寄りかかっていた身体を起こした。立てた足を軽く開いて、散弾銃を抱えるように座っていた。音が微かに聞こえてすぐ、身体を起こし、銃を持ち上げて、銃床を軽く肩につけた。親指はそっと安全装置に触れている。

地面に残ったにおいを嗅いで、少し進み、またにおいを探す。足音から、そんな猟犬の動きが浮かんできた。音は少しずつ、私が本命に選んだケモノ道を近づいていた。たとえ音の主が犬であっても、落胆することはない。犬がこのウツを登ってくるということは、それが使われたばかりだったことを示しているからだ。

ケモノの匂いはそれほど長く残らない。犬が歩くということは、新鮮な匂いがするということだ。そしてケモノは歩いたばかりのケモノ道を好む傾向がある。私が本命とにらんだケモノ道は最近使われていた。私はケモノの足跡を見ることができたのだ。

そして、音の主が私の前にひょっこり姿を現した。それは犬ではなく、雄鹿だった。姿を認めた瞬間、私はただ「あ、鹿だ」とだけ思った。背中が少し黒っぽい立派な雄鹿は私に気がついていなかった。私は右手の親指を動かして安全装置を解除した。

鹿は斜面をよっこらしょという感じで上がってきて、少し息をついてから、私の一五メートルほど前をトコトコと歩いた。太ももほどの木が数本生えている向こうに鹿が入ったため、一瞬、姿が見づらくなり、またすぐに樹間の広いところに出た。

すっと、といっても急ぐようにではなく、ただ、鹿に向けてすっと銃をあげて、銃底を肩にあて、銃床に頬をつけた。照門と照星がきれいに重なって、その先に鹿が立っていた。狙いを少しだけ、鹿の上半身側に修正して、そうすることが当たり前のように、軽く右手人差し指に力を入れた。

発砲する直前に鹿が私に気づいて顔をこちらに向けた。私が銃を持ち上げはじめてから狙いを修正するまで、たっぷり一秒ほどあったと思う。その一秒の後半で鹿は私に気づき、顔を向けたのだ。引き金が引かれた散弾銃は、そのカラクリどおり銃弾を発射した。

肩に伝わってくるはずの衝撃は感じなかった。緊張していたためだろう。ただ、発射の煙で一瞬、鹿の姿が見にくかった。

鹿はなにか大きなものに横から激しく押されたかのように、斜面を転げ落ちていった。私は立ち上がりながら、ボルトを操作して次弾を薬室に送り込み、鹿に向かって走った。

鹿が走り去る気配はなく、うるさいヤブを払うようにして進むとすぐ下の斜面で鹿が倒れていた。鹿は後ろ足がうまく動かないようで、前足でなんとか立ち上がろうとしていた。だが、前足もうまく地面をとらえることはできなかった。

こいつはもう逃げられないという思いと、こいつはもう助からないという思いが同時に頭に溢れてきた。

鹿は目をむいて私のほうをうかがっていた。私から一センチでも遠くに行きたそうにもがいている。息の根を止めなくてはならないし、止めてやらなくてはならない。鹿の首の根本に銃口を向けた。首の骨を撃ち砕いて、鹿の苦痛も、私の迷いも終わりにしなくてはならない。

斜面の下にいる鹿に銃を向けて数秒。鹿は前足をばたばたさせては、首をあげて私のほうに視線を向け、また足をばたばたと動かした。

撃つことじゃない、と私は思った。私がやるべきことは撃つことではない。ここで安易な方法を選ぶわけにはいかないのだ。

　私はナイフを取りに荷物まで戻った。猟師たるものナイフは肌身はなさず持っているべきだが、そのとき私はナイフを身につけていなかった。

　ザックのポケットからナイフを取り出し、すぐに鹿に向かった。鹿が事切れてしまう前に、私がこの手で始末をつけなくてはならない。この瞬間のために私は狩猟をはじめたのだ。自分で食べるものを自分で殺すために、これまで狩猟をやってきたのだ。

　そしてナイフを手に斜面を下り、鹿の横に立った。鹿はまだ、力強く前足をばたつかせていた。鹿の目にはハッキリとした恐怖が浮かんでいた。もしくは嫌悪といってもいいかもしれない。とにかく、私が近くにいる事態を何とかしたいという思いを体中から発していた。

　私は覆い被さるようにして、左手で鹿の左角をつかんだ。そのまま鹿の頭を地面に押さえつけ、手をクロスさせて、鹿の咽にナイフをあてて、そのまま力を加えた。

　ナイフは抵抗なく、鹿の咽の肉に入っていった。

「ボヘェェェェ」というかなり大きな声で鹿が鳴いた。

　鳴くとは思っていなかったので、びっくりした。しかし、手の動きを止めることはできなかった。今、手の動きを止めたら、鹿も私も苦しくなる。

　私は頸動脈をざっくり切り、そのままの勢いで気管を切り裂いてしまった。恐怖と興奮で力の加減ができなかった。

　切り開かれた咽から、脈打つテンポで血が噴き出した。絵の具を溶いたような透明感の乏しい赤だった。

脈を打つごとに、噴き出す血量は少なくなり、鹿の動きも鈍く、小さくなっていった。

「ぼへぇぇぇぇって、鳴いたな」と私は死んでいく鹿を見下ろしながら考えていた。

気管を切り裂いたために出た音ではなかった。私がナイフの刃を咽に当て、力を入れた瞬間に鹿の口から出た叫び声だった。

目の前で起こったことのほとんどは、いつかケモノを殺す時が来たときに、体験しなくてはならないものとして、想定していた範囲のことだった。私の散弾銃が鹿に向かって発射される感覚も、ナイフの刃が鹿の肉に入り込んでいく感覚も、私のせいで大型哺乳類が命を閉じることも、私はいつかしなくてはならないこととして、想定していた。

だが、鳴き声だけは別だった。その声を聞いたとき、ドキリとして、一瞬鼓動がずれた。銃声のあと、落ち葉を踏む程度の音しかしなかったその静かな一連の流れのなかに、鹿の肉声は入り込んできた。それは妙に存在感をもって、私の耳の奥に張りつくように残っていた。

鹿は最期に後ろ足を痙攣させるようにいっぱいに伸ばして、そのまま動かなくなった。

銃声を聞きつけた仲間から無線が入り、状況を短く報告した。私が撃って、回収できた、最初の一頭だ。それを知っている仲間から、ごく控えめに祝福の無線が入った。犬はまだ別の獲物を追っていて、みんなの関心は止まったケモノではなく、動いているケモノに向いていた。

手が細かく震えていた。必死に押さえ込んでいた感情があふれ出そうとしている。なにかやるべき作業を求めて鹿を見た。

私は鹿のぴんと伸びた後ろ足をつかみ、持ち上げるように頭部を斜面の下に向けた。血がよく抜けるようにしたかったのが、鹿が引っかかっていた倒木から鹿の身体が外れたので、鹿が斜面をすべってしまった。片手で鹿を持つ窮屈な体勢で、ポケットのロープを取り出し、それを鹿の足に結んで、灌木に固定した。

鹿の目に光はなく、首の切り口からゆっくり血が流れ出していた。血流は乾いた落ち葉を染めてから、柔らかい地面に吸い込まれていった。風もなく、冬の終わりにしては、暖かい日差しに、あたりは穏やかだった。冬枯れの森の中で激しい作業をしたため、私と鹿の周りだけ細かいホコリが舞っていた。

隣のタツに入っていたタカノリさんがやってきた。斜面に横たわっている鹿と、私と、私が座っていたところをゆっくり見てから「二シーズン、ぼけっとしてたわけじゃないと思ってたよ」と言った。タカノリさんにしてはかなりの褒め言葉だ。

二月十一日。猟期は二月十五日までなので、最後の週末だった。一頭の鹿を仕留めるまで、丸二シーズンかかった。そしてまだ、自分の力だけで仕留めたわけではない。

撃った状況を簡単に説明した。鹿が一撃で立てなくなったこと、まだ生きていたこと、とどめの弾を撃ち込まずに、自分の手で鹿の頸動脈を切ったこと。

タカノリさんは大きな目を開けたまま、黙って私の話を聞いていた。私はなにか賞賛の言葉が欲しかったのだと思う。仕留めたことではなく、自分の手でとどめを刺したことを、褒めてもらいたかったのだ。

タカノリさんは小さくうなずいて、ちらりと鹿を見てから言った。

「きれいごとだけじゃ、鉄砲はできねーな」

ケモノを殺し、解体して、食べる。スーパーで売っている肉しか知らない人にとって、残酷で、可哀想で、こわいことだろう。だがそれこそがパックされたきれいごとの思想である。実際の猟は複雑で、奥深く、難しい。そしてなりよりなまなましい自然な行為である。そこには、生きることと食べることに関する直接的な事象が、目に見えて手に触れる形で存在する。それは都市文明が覆い隠したものでもあり、われわれ鉄砲撃ちが言葉にすると「きれいごとじゃないなにか」なのだ。

きれいごとの世界で生まれ、きれいごとの世界で育ってきた。そして、今やきれいごとの世界で中年になりかかっている。だが、私はその世界から少しだけ抜け出すことができたのかもしれない。週末のひとときだが、私はきれいごとではない世界に足を踏み入れる。いま私の尊敬する猟仲間は、それを認めてくれたのだ。

斜面の下からふたたび犬の声が聞こえた。私とタカノリさんはとぎれとぎれの会話をとめ、目だけで合図を交わし、できるだけ音を立てないように斜面に散った。獲物が現れたときにおたがいがじゃまにならず、おたがいを撃つ可能性がなく、できれば別々の斜面を観察できて、それでいてできるだけ余計な音をたてずにいける最短距離の場所に。

数分、中腰で構えていた。同じ体勢でいることに疲れて、私は下の斜面をうかがったまま、そっと腰を落とした。

犬の声は聞こえなかった。どうやら東のほうに行ってしまったようだ。

「来そうにねえなあ」とタカノリさんが言った。
「ですね」と私は立ち上がった。
「下ろしちまおう」といってタカノリさんが鹿をあごで指した。
これから鹿を下ろして、解体して、肉をわける。私はレジャーハンターじゃない。

第二章　サバイバル登山

——和賀山塊縦断ソロサバイバル

行動にしばりをかけたほうが、私にとって自由はより大きく、意味あるものになる。
――ストラビンスキー

ある程度は増水しているだろうとは思ったが、生保内《おぼない》川の入渓地点はミルクコーヒー色の濁流が轟音とともにたっぷりと流れていた。

対岸は奥に森が控える河原になっていた。ひと渡りできれば、進むにしろ泊まるにしろ何らかの展開が開けている。一方こちら側は、草木の茂った傾斜のあるヤブで、そのヤブは去ったばかりの台風でグッショリ濡れていた。泊まるとなるとかなり不快になることは目に見えている。

濁流の波打ち具合から川に「底」があることは見て取れた。下流の傾斜地帯より比較的流れは緩い。私は流れの深さと重さを確かめるようにゆっくり川に入ってみた。からみつくような重い流れが足に巻きついたが、深さはやはり股下までで、何とか渡れると判断した。

だが、流心と思われた部分を過ぎたあとが深かった。重い流れに押されるように少しよろけ、同時に後悔と危機感がおそってきた。もし、対岸にたどり着けなければ、流されて濁流に飲み込まれてしまう。飲み込まれたらかなりの確率で日本海までスイミングだ。やるべきことはただひとつ。

強い気持ちをもって、対岸をめざすだけ。そして押し流されながらも、じたばたと倒れるようになんとか対岸にたどり着いた。

一瞬の戦慄だった。だが渡ってしまえば笑い話である。登山とは全般的にこんなモノだ。余裕をもって確実に悪場をこなしていようが、くり返すことのできないインスタントな対処をしていようが、結果が同じなら問題はない。ただ、軽率な対処のあげく、神経をすり減らすような瞬間を重ねていると、精神が疲れて登山そのものは面白くなくなっていく。大きな事故につながることもある。生き物はかならずエラーを犯す。可能性のある事象はそのエラーに忍び込むチャンスをいつもうかがっている。遭難は、事故の可能性が入り込んでくるエラーを少なくすることでしか防御することはできないと私は考えている。

最初の賭けに勝つには勝った。つぎの賭けに勝つ保証はない。ということで今日はここまで、初日は溯行距離五〇メートルで終了とした。

二〇〇七年の夏は八月の頭に日本海の青海《おうみ》から上高地まで北アルプスの渓をつないで歩くサバイバル登山を行なった。アイサワ谷、北又谷、柳又谷、小黒部谷、黒部上ノ廊下をつなぐ一二日間の山旅は、大山塊をうがつV字渓谷と大岩魚、連日の晴天と、活発でうっとうしい害虫たちという、すばらしい経験になるはずだった。だが、渓をつなぐために稜線に上がると目にはいるのは、人間にいじくられた北アルプスの山々とそこに群がる登山ツアー客だった。ラジオも、時計も持たない私は、その登山客についつい天気予報と時間を聞いてしまった。そして毎回、おおよそ自分の予想どおりの返答を聞いてから、聞かなければよかったと後悔した。

サバイバル登山とは簡単に定義すると「電池で動くものはいっさい携帯しない。テントもなし。燃料もストーブ（コンロ）もなし。食料は米と基本調味料のみで、道のない大きな山塊を長期間歩く」という登山である。岩魚や山菜、ときにはカエルやヘビまで食べながら、ひとりで大きな山脈を縦断する。私がサバイバル登山と名前をつけた。

第二次ベビーブームの真ん中に生まれて、生きるということに関しては、なにひとつ足りないもののもなく育ってきた。じつはこれが私たちの世代共通の漠然として重大な悩みである。積極的に「生きている」というより、消極的に「死んでない」と言い換えることが可能な人生だ。

小綺麗で暖かく食べ物が溢れた生活は快適である。だが私はその快適さに（今思えば）少々やましさを感じていた。文明に生かされているような自分がいやになることもあった。それは私が獲得したものではなく、与えられたものだったからだろう。

そのやましさが、現代文明の防御機能が及ばない環境へのあこがれを生み、私を登山の世界に導いていった。生きていることをダイレクトに体感したかったのだとおもう。

小さなミスが命取りになるような岩壁登攀やヒマラヤの高峰は死の香り漂う空間である。そこに身をさらしているだけで、自分が生きていることを強く感じることができた。だがそんな先鋭的登山から、私はサバイバル登山へとシフトしていった。


朝、焚き火を熾こすことからサバイバル登山の一日ははじまる。

火があがったら、お茶を沸かす。そして、それを飲みながら米を炊き、朝用に残しておいた食料を調理する。おかずは、山菜や燻製にした岩魚などだ。

朝食が終わったら、出発。その前に大便。玄米を食べているので通じはいい。森のはずれで用をたし、そのまま、沢におしりを洗いに行く。パンツをさげたままよたよた歩くのは、この登山でもっとも情けない瞬間だ。

サバイバル登山は、人の手がはいっていない大きな山塊を自分の力で旅していくことを目的とする。午前中は山や渓を歩きつづける。基本的に行動中は食事をしない。休憩ついでに釣った岩魚を捌《さば》いて食べたり、生で食べられる山菜を見つけたときに口に運んだりする程度だ。

午後になったら——とはいっても、時計は持っていないから、おおよその感じで——その日のねぐらを探して歩く。宿泊地の条件は、まず安全な平地であること。きれいな水が簡単に汲めて、薪が多ければなおよい。タープを張るための立木が生えていれば、寝床作りは楽になる。

宿泊地についたら寝床をつくり、薪を集めて、焚き火を熾こす。火が熾こったら、ナベをかけてお茶を沸かし、米を炊く。一息ついたら釣ってある岩魚を捌き、集めておいた山菜やキノコを処理する。

岩魚の刺身や、ウド炒めをおかずに夕飯を食べたら、もうやることはない。余分な岩魚が釣ってある場合は、ワタを出して塩コショウして、焚き火の近くに吊るし、燻製にする。日があるうちは、地図を見て、翌日の予定を立てたりする。

そして、翌朝用の薪を念のためタープの下に入れて、焚き火を見ながら眠ってしまう。夜、小便におきても電灯はない。月明かりにぼおっと浮かび上がる世界を手探り足探りで進み、用をたす。こんな一日をくり返しながら山旅をつづけていく。最小限の装備と食料を背に、生活と食事のできるかぎりを山の恵みでまかなう登山、それがサバイバル登山だ。

ヒマラヤ登山のような美しさも格好良さもない。行為は生臭く、行為者は煙臭い。身体のまわりには私の体液を求める害虫が飛んだり、蠢いたりしている。

ときには予定していた食料が調達できないこともある。岩魚も山菜もキノコも都合よく私を待っていてくれるわけではない。カエルやヘビを食べることもある（どちらかといえば好んで食べる）。持参した塩を、持参した米にかけるだけの夕食もある。

一九九九年からはじめたこの登山に入れ込み、サバイバルのスタイルで日本中の山を歩いてきた。自分の力で山に登っているという強い実感を得ることができる行為だったからである。釣りや山菜採り、キノコ採りという、知識を含めた自分の能力が自分を生かしているという感触も単純に心地よかった。

〇七年八月の北アルプス縦断サバイバルは日高全山に次ぐ、このスタイルの到達点のつもりだった。渓は大きくて険しく、魚影も濃く、北アルプスは歩き甲斐のある山塊だ。だが、夏にプリミティブな登山を楽しむには、北アルプスはいかんせん機械力でいじられすぎていて、人間が多かった。到達点のつもりが逆にストレスをためて帰宅した。シーズン中にもう一度、誰にも会わないところで、原始のままの山をじっくり歩きたい。そんな思いがふくらんでいき、台風九号を追うように和《わ》賀山塊《がさんかい》縦断に出発したのだ。

濁流を渡ってすぐの河原に陣取った。しかし、東日本を縦断して、北海道の東部に抜けるはずだった台風は、夕方になっても名残り雨をぱらぱらと落としていた。台風一過を期待していたが、前線を引いてしまったのだろう。

薪は台風による増水が運んできた上物があたりに散らばっている……と思ったら、どれもさっきまで流れに沈んでいた流木で、これ以上ないというぐらい濡れていた。しかたなく森に入って立ち枯れを引きずってきて、焚き火を熾こした。焚き火のまわりに、水を吸って重くなった流木を豪勢に積み上げてかまどを組み、米のナベをのせた。トウモロコシを皮をむかずに熾火《おき》に放りこむ。初日はおかずを調達できそうにないので、小銭減らしを言い訳に、田沢湖駅前で買ったものだ。

食事を済まし、そうそうにシュラフに潜るが、まだ雨がぱらぱらとシュラフカバーを叩いていた。タープは出さずにゴロ寝をつづける。朝一番の秋田新幹線に乗ってここまで来て、晴れてもらわなくては困るのだ。いつしか眠りに落ち、バチバチという薪がはぜる激しい音で目を覚ますと、やけくそで組んだかまどに焚き火が引火し、火の粉が曇り空を焦がしていた。

朝、濁流は収まっていたが、水かさは依然として多く、両岸の草は流れに沈んで揺れていた。空には色の悪い雲が広がり、すっきりしない。

私の単独行にはザックを下ろす休憩はほとんどない。サバイバル登山の荷物が軽いという理由もあるが、休憩しなくても、釣りや、キノコ・山菜ひろい、なんか気になる虫や地形や草木を見つけ

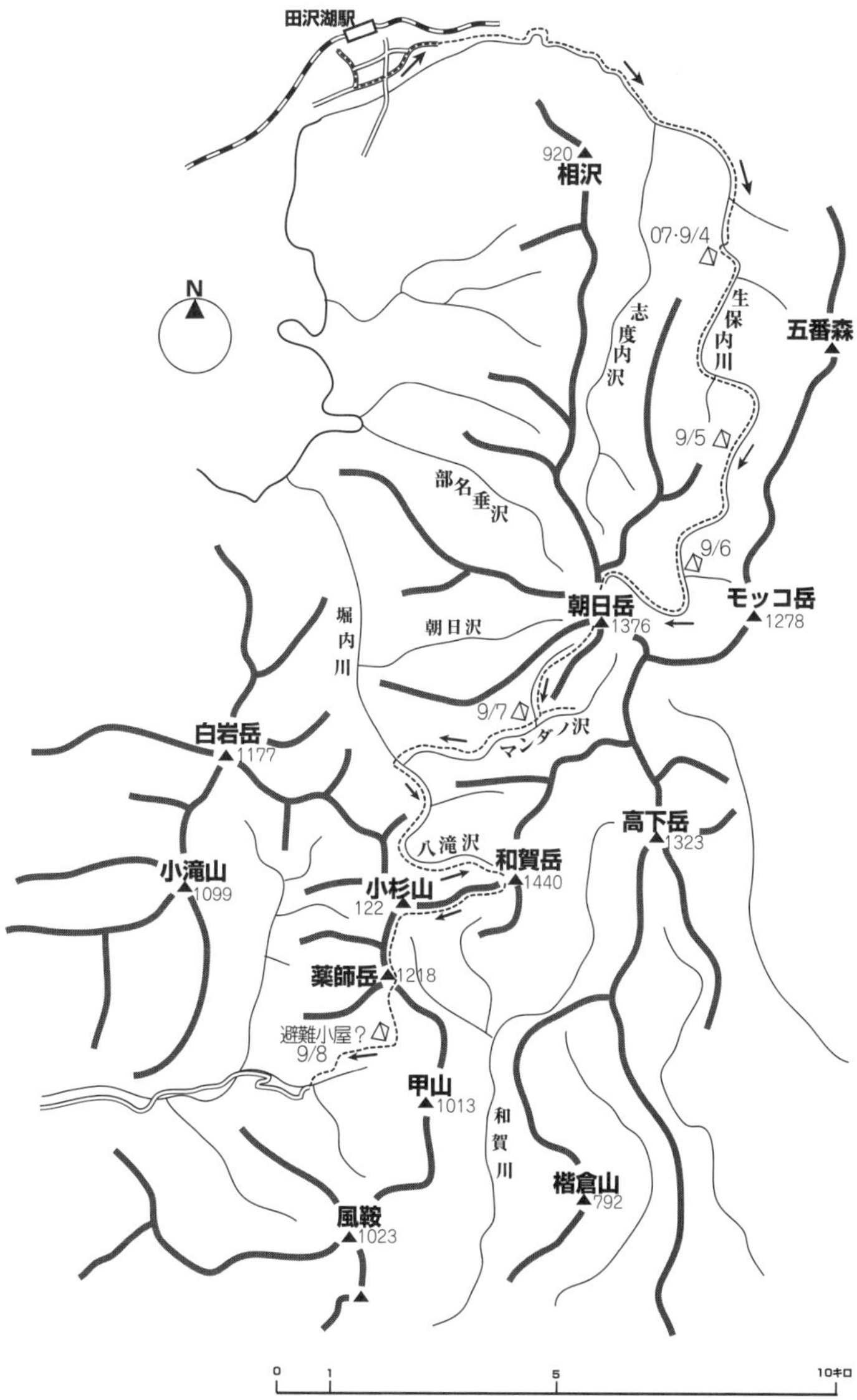
田沢湖駅
920
相沢
07·9/4
生保内川
志度内沢
五番森
N
9/5
部名垂沢
9/6
朝日岳
1376
モッコ岳
1278
堀内川
朝日沢
9/7
マンダノ沢
白岩岳
1177
高下岳
1323
八滝沢
和賀岳
1440
小滝山
1099
小杉山
122
薬師岳
1218
避難小屋？
9/8
甲山
1013
和賀川
楢倉山
792
風鞍
1023
0
1
5
10キロ

たときの道草、用便、ルートファインディング、さらには高巻きや登攀の準備などで、ちょくちょく歩みを止めるので、筋肉疲労が蓄積して歩行の障害になるということがあまりないからだ。ただつぎからつぎへと歩みを進め、集中をつづけていると頭が疲れて、思考を停止したくなる。そんなときは手頃な岩や倒木にザックを担いだまま乗せて、何度か深呼吸する。

二時間ほど歩いただろうか。ちょっと休もうかと大きな石に寄りかかると、目の前の流れが魅力的だった。

小さなプールの向こうに大岩がせり出している。水は岩にぶつかって、その下流で渦を巻く。毛バリを打つにはまだ少し流れが強そうだが、いかにも岩魚が好みそうな渓相だ。この旅の一投目にふさわしい。

ザックをおろし、荷物の中から竿を抜いた。半月前、北アルプス縦断の最後に使った毛バリがラインに付いている。ハックル（毛バリの巻き毛の部分）がつぶれているのでハリス（毛バリとラインを結ぶイト）を歯で切り、出発前に急いで作ってきた毛バリを結んだ。

まず流心に毛バリを打つ。竿の調子もラインの調子も悪くはないが、岩魚が出る気配はなかった。少し奥へもう一投。反応なし。車止めから三時間ほどしか歩いていない。まだ、釣り師のプレッシャーが高いのだろう。そして本命の大岩下流の渦の中へ。大岩ぎりぎりに落ちた毛バリは複雑な流れにうまく乗って、私の視界から姿を消した。竿を立て、ラインが手前の流れに引かれないように注意する。イトは水面に刺さったまま、ゆっくり下流に移動していく。そして狙いどおりラインが渦に巻き込まれ、微妙に揺れてから不自然に止まった。

いいんですか？　注文どおりの展開にこちらが一瞬躊躇してから、竿を立てた。

ビュインと竿が鳴いて、動きがとまる。でかい！　いや、小さくない（と控えめに言っておこう）。岩魚は身をくねらせながら、岩の下に入り込もうともがいている。少し強引に竿を立て、プールの中央に引きずり出す。魚影が水面に現れた。予想どおりいい型だ。サイズは九寸といったところだが、見た目も手応えもかなり太い。一がんばり二がんばりでようやく岩魚が力を抜きはじめた。

流れに乗せてプールの下流に導き、手元に寄せた。私の姿を見た岩魚が一度力なく暴れ、手をさしのべたところで、もう一暴れた。そしてこのとき、ハリが口から外れてしまった。

岩魚は自由になったことに気がつかず、だらりと水に浮かび、波に漂ってゆっくり岸から離れようとしていた。まだ手で捕まえられるかもしれないと、淡い期待で川に踏み込んだが、岩魚は最後力を振り絞るようにして、ぱたりと尾びれをはたき、増水の濁りを残す流れに沈んでいった。

結構でかかった……。

古今東西の釣り師から私自身まで、魚を逃がした釣り人が普遍的に思いつづけた、もはや宇宙の定理といってもいい感覚が身体のなかを静かに抜けていく。

今の岩魚は最初から放すつもりだった。その川で最初に釣れた魚は放流するのが、山釣りの礼儀作法というものだからだ。そういう意味では悔恨の念は薄いのだが、儀式が終了したことにしていいのかは微妙である。

その決定はつぎに岩魚が釣れるまで保留することにした。竿をたたみザックを背負う。つぎに大きな岩魚が釣れたら、すでに一尾目はリリースしたことにすればいい。たいしたサイズでなければ、それを「儀式岩魚」として渓に感謝しながら放流しよう。

さらに一時間ほど溯行をつづけた。渓はひととき傾斜を増して緊張感の少ないゴルジュ（V字渓谷）になり、右から大きな支流が入って左に曲がるあたりで、またフラットになった。

目の前の光景がすばらしい。しばし歩みを止めて見とれてしまう。増水で倒された岸の草はまだ水の中で揺れている。水は平水よりかなり多いはずだ。だが、平瀬は広い空に押さえられるようにまっすぐ上流に伸び、ところどころに小さな深みをつくっていた。

いやはや、ここで竿を出さずに前進できる釣りキチがいるだろうか。夢かならなら、ここから一〇〇メートルほど切り取って庭に欲しい。その前に庭だろう、というツッコミは承知のうえでだ。ちなみに私の借りている横浜の平屋は築四五年。一坪ほどの庭も付いている。日の当たらないその庭はいつもワラジムシが歩いていて、目の前の岩ひとつ入れたらいっぱいだ。

そそくさと、竿を出し、ラインを伸ばして毛バリを振った。まず、たいしたことのないポイントを狙って毛バリを打つ。ふた振りで、小ぶりな岩魚が飛び出してきた。すかさずハリを外し、下流に投げる。いつもの儀式が終わった。いよいよ本番だ。このシチュエーションと二投で上がってきた岩魚。爆釣《ばくちょう》（爆発的な大漁）の予感がびんびんする。左側で流れに巻かれている岩の横がやや深い。お伺いを立てるように手前から丁寧に毛バリを打つ。かけ上がり（流れが深みから瀬になる場所）に付いている岩魚はいないようだ。それでは本命のポイントをいただきましょう。大きく二歩前進して、深みに流れ込む水流に毛バリを乗せる。そしてここでもラインが不自然に止まり、私は強めにアワセをくれた。ビュインと竿がいつもの鈍い音を立てる。今では二竿《かん》目のこの竿を私はとても気に入っている。だが、この音だけがやや不満だ。大きめの岩魚がかかったときは、もう少し高い音を立ててほしい。

おそらく私は笑っていた。同行者がいたら不気味だっただろう。いや、気の合う同行者がもしいたら、二人で高笑いかもしれない。注文どおり、さっきバラした岩魚より一回り大きい尺岩魚だ。

「尺岩魚を釣った」という記述は世の中に溢れている。だが、メジャーを当てていない尺岩魚のおおかたは九寸止まりと見たほうがいい。山のなかで岩魚を手にすると九寸ぐらいの岩魚でもその迫力で尺に見えてしまうのだ。「三〇センチぴったりだったらそれは泣き尺（尺にほんのちょっと足りないサイズ）」という言い回しも聞いたことがある。一尺は三〇・三センチだから、三〇センチでは尺に三ミリに足りないというわけだ。このようなこだわりはキライではない。どちらかといえば好きである。ちなみに私が尺といったら、それはまぎれもない尺である。竿に基準点を決めて、グリップに目盛りを振り、ちゃんと測っているからだ。

尺岩魚をズックビクに入れ、それを流れに引きずりながら釣りをつづけた。予想どおりの爆釣がつづく。だが、型は最初の尺が最大で、その後は九寸が一本、八寸が数本釣れただけで他は小物だった。支流から流されてきたと思われるワサビの塊を拾い、少し行くと、右手の台地で大きなブナが空に伸びていた。背伸びをしてのぞくと、幕場がある。釣りに酔って時間感覚を失っていた。空には雲が多くて、太陽の位置がわからない。昼を過ぎたあたりだろう。急いでも仕方がないので、泊まることに決めた。

ブナと低木との位置を確認して、タープを張る。最近は天幕を片落としに張ることが多い。かつては安定を欠くということで、屋根型（切妻造り）を好んだが、単独でそれほど風が強くないなら、片落としが楽で速い。登攀用ロープを使わないで幕営できれば、夕立でロープを濡らすこともなく、雨天時に焚き火をタープの下に移しても生活しやすい。

空は相変わらずハッキリしなかったので、ざっと薪を集め、焚き付けをタープの下に入れてから釣りに出た。釣果はぼちぼちだったが、大きな岩魚は出なかった。

日が変わり、いよいよ台風一過が来ると期待したが、逆に朝からまとまった雨が降っていた。雨は昨夕降り出し、薄暗いなかあわてて焚き火をタープの下に移したので、朝になってみると、焚き火の下で細引き《ほそび》（細いロープ）が数本溶けていた。石油製品の焼ける匂いが立ちこめたので、いやな予感がしていたのだ。焼け残ったロープはほとんどゴミだが、焚き火に投げ込んでしまうわけにはいかない。軽くてしなやかなナイロンロープに代わるものを山中で見つけるのはむずかしいからだ。

昨夜の残りのご飯を食べて、ふたたびシュラフに入った。回復傾向にあるなら出発するのだが、私には、身の回りを観察するだけで先の気象を見通す能力が備わっていない。小さな頃から天気予報に頼りきってきたツケのようなものだ。二〇世紀の初頭、沿海州（シベリア東部）を探検したロシア隊の報告に、地元少数民族の老猟師デルス・ウザーラの記述がある。デルスは百発百中の天気予想を行なったという。近頃の私の山旅はデルスのすごさを思い知る旅でもある。たまたま探検隊と行動をともにしたのでデルスは記録に残り世に知られた。他にはどんな天才的野生人がこの世のなかには存在したのだろう。

一眠りして目が覚めると、雨はやんでいて明るい感じがした。夜明けからどのくらい経っただろうか。二時間といったところと想像して、出発することにする。

ときどき雲の薄い場所に太陽の輪郭が見える。太陽の位置は、まだ充分午前中だ。

昨日釣りあがった最終地点を過ぎると、身体がむずむずしはじめた。私は生保内川の魚止めを知らない。もしすぐ先で滝が出てそこが棲息限界だったら、食料調達のチャンスも終わってしまう。うーむ、我ながらすばらしい言い訳だ。どうせ今日は最初にケチが付いたので、あんまり進めはしないのだ。

キープは尺クラスのみと事前に決めて、ここぞと思う場所のみに毛バリを打ち込んでいく。八寸クラスが飛び出しそうな平瀬のかけ上がりを我慢するのが心苦しい。岩が張り、渓相にリズムが出てきて、岩魚の型も良くなっていった。尺ジャストと泣き尺が上がり、顔を上げると滝が流れを塞いでいた。大きな滝だ。

ぐるりと見渡すが、弱点は目に入らない。少し戻って巻きのルートを確定し、そこまでキープしていた四尾の岩魚を捌いて食べた。最近、行動中に釣った岩魚はその場で食べてしまうことが多い。三枚に下ろして、わさび醤油につけ、指でつまみ、猛禽類がエサを丸呑みにするように、大きなサクのまま食べてしまう。アラは申し訳ないが、そのあたりの枝に下げておく。

最初の滝を左岸から巻きに入った。ケモノの足跡はあるが、人の足跡はないようだ。狩猟をはじめて二シーズン、足跡には敏感になった。いくらか登ったところから、トラバース。急な斜面で楽々とは言いがたい。滝上に巻き上がり、急斜面を下りると、灌木に古い捨て縄がついていた。同好の士もこの道を来たわけだ。周りを見回しても、下りられそうなところはなく、私もロープを出して下降をすることにした。

首尾よく滝の上に出たが、もっぱらの問題は滝で岩魚が止まっているかいないかだ。少し溯《さかのぼ》ったが、岩魚の姿を見ることはなかった。もしさっきの滝で止まっているなら、遠くない将来、岩魚を放しに来なくてはならないかな、と思いはじめたところで、小さな岩魚が流れに漂っていた。その上には良さそうなポイントがつづいている。さっそく竿を出した。

途中小さな滝がふたつ。これは手にビクを持ったまま何とか越えた。そして岩が張り出し、くの字に曲がったトロが現れた。深みの出口に岩魚が並んでいるのが見える。いちばん手前にいる左側の岩魚から処理すべく、毛バリを打ち込んだ。だが、その岩魚は毛バリを見に来て、帰ってしまった。

ふう、と一息。ここまでほとんど毛バリを見切られることはなかった。毛バリは今シーズン中盤から私の信頼を強く勝ち取って、ほとんどこれ一本と言っていい「ちび黒」である。フライフィッシング風にいうとブラックナット、日本の伝統的なゴミのような毛バリだ。これまで私は、コガネムシやバッタ、カマドウマなど、凝った作りのリアルな毛バリを好んできた。コガネムシを梅雨明けからシーズンを通して使い、晩夏にはバッタやカマドウマに乗り換えるというパターンだ。リアルな毛バリを選んでいたのは、たぶん岩魚を騙しきったという快感が強いからだと思う。コガネムシに使うミドリのキラキラが魚を誘うと信じてきたし、いまでもそう信じている。しかし、今シーズンのはじめに渓友ジョーノと足を運んだ丹沢、あるいは南アルプスなどでの腕ならしの釣行で、そのキラキラの魔力に陰りがあった。さらに、オフシーズンの怠惰が祟ってコガネムシ毛バリのストックが切れ、何となく試した黒くて小さいだけの毛バリに反応が良かったのだ。いや、ここは正直に語るべきだろう。コガネムシを選んだ私より、最初からアリンコを選んだジョーノのほうが魚をたくさん釣り上げていたのである。

「食いが渋いときはハリを小さくしたほうがいいよ」

基本中の基本といえることをジョーノはうれしそうに口にした。釣り場ではいちばん釣れている者がいちばんしゃべる権利がある。これも宇宙の法則である。そして私は小さく黒いという基本に立ち返った。

毛バリを自作している人はわかると思うが、毛バリを巻くというのは、高い集中力を必要とする作業である。いい加減にやっているといい加減な毛バリしかできあがらない。不細工な毛バリは、現場で、釣り行為全体への不信感にかわっていく。「この毛バリのせいで釣れないのではないか」と釣りへの集中を妨げるのだ。

いい加減な毛バリは何本あろうと、釣りにとってはゼロかマイナスで、そんなものを二本作るなら、いいモノを一本作ったほうがいい。とはいっても、木に引っかけたり、根掛かり（水中の障害物にハリがかかること）したり、あわせ切れ（魚が掛かってあわせた瞬間にハリスの切れる現象、毛バリ釣りに多い）したりと、現実的に毛バリは多数必要だ。

よい毛バリがたくさんあるに越したことはない。だが、納得いく毛バリをすばやく作るというのは、相矛盾する要素なのである。まともな仕事を持っている毛バリ釣り師なら、このあたりのジレンマは共感していただけるはずだ。

出社前と帰宅後を何とか使って五、六本の「ちび黒」を作り出し、八月頭の北アルプス長期山行に持参した。先に書いたように、日本海から上高地までできるかぎり渓をつないで歩くという山旅である。青海駅から歩きはじめ、アイサワ谷に入り、二日目には上部の河原で岩魚を集めた。下のゴルジュ帯（左右の岩壁がせりだし、狭くなったV字渓谷。難所）はかなり悪いが、そのぶんゴルジュを抜けた先の魚影は濃く、型もいい。そして、試しに付けた「ちび黒」の人気はそれ以上だった。九寸から尺一寸の岩魚が一〇本以上はあがった。岩魚を捌いて、焚き火の周りに並べると、いくら二週間つづくサバイバル山行の食料という理由があろうと、美しいとは言いがたい虐殺風景だった。

アイサワ谷の釣りを終えた私は焚き火の横で残りの「ちび黒」を勘定した。ちび黒の釣果に惚れてしまった今、他の毛バリでは集中力が落ちるのは目に見えていた。このあとつづく、北又谷、柳又谷、小黒部谷、黒部上ノ廊下、そして、モミ沢。いったいひとつの谷に何本のちび黒を使えるのか。何度数えても、ひとつの谷で二本なくしていたら、間に合わない数だった。

結局、北アルプスのサバイバル登山を通して私は、尺二寸を二本、そして尺上を数本（五本くらいか？）、九寸クラスは忘れるほど釣り上げた。誇張ではない。その白眉は北又谷サルガ滝の流れ出しでのことである。

北又谷は下降したので、釣りにはそれほど気合いを入れなかった。支流を少し釣った程度である。サルガ滝はよく使われる巻き道を使って下った。この巻き道は滝の五〇メートルほど下流に降り立つようにつづいている。滝の下に降り立った私はサルガ滝を見上げて、しばしたたずんだ。その日は先を急いでおり、小一時間前には吹沢の出合で尺上、九寸と釣り上げ、その場で下ろして食べていた。ザックにはアイサワ谷で燻製にした岩魚も入っている。サルガ滝で竿を出す理由はほとんどない。

だが私ははじめて北又谷に来たとき、このサルガ滝の流れ出しで、岩魚をバラし（ハリに掛けたあとに逃げられ）ていた。しかもバラした後、滝壺を含め、私はこのポイントで一匹の岩魚も釣りあげることができなかった。

空は青く晴れわたり、滝壺から河原を巻くようあふれ出す流れが、釣りごころを誘っていた。多少日程が遅れても、ここで竿を出したことを後悔はしない、そんな渓相だった。

そそくさと竿を出し、かつて岩魚を釣り落とした流れ出しのいくぶん手前から、ようすを見るように毛バリを振っていった。小さな岩魚が一匹釣れ、すぐに流れに戻す。いよいよ本命のポイントだ。かけ上がりのぎりぎり最後、水流はかなり強くて岩魚はつきそうにないが、焦ることはない。前回とは違い、私はそこに岩魚がついていることを知っている。あまり奥まで毛バリが飛ばないように注意して、竿を振る。がつんといきなり来た岩魚は尺ぴったりだった。いいのかな？と思いながら流れに返してしまった。さらにその五〇センチ奥に毛バリを打ち込む。反応なし。一尾しかついてないのか？　二投目。ラインが止まり、あわせると、世界が一瞬止まった。そしてかなり大きな岩魚が身を翻した。ポイントを荒らさないように、まず最初のひと引きで、大岩魚を流れ出しの下流に引き出した。岩魚は私の足下を走り下り、川幅が広くなったことを認めたかのように、流れを横ぎって対岸に向かった。

竿が伸ばされそうな勢いだ。さっきの尺よりあきらかに一回り大きい。手応えを楽しむように竿をしならせながら少し走らせて、相手がくたびれる頃に取り込んだ。つかみきれないほどの大物。岩魚は恨めしそうに私を見ている。竿の目盛りに当てると、大きな尾びれが三五センチの目盛りを越えていた。さすがにすぐさま放流する気にはなれず、ズックビクにキープすることにした。この流れ出しの岩魚をすべて集めて写真を撮ってみるのもいいかもしれない。片手に大岩魚をつかんだまま、ザックに戻り、ザックの隙間に入っているズックビクに手を伸ばした。なかなか出てこないズックビクに不器用な体勢で手こずっていると、突然岩魚が暴れ出し、手からこぼれ落ちた。岩魚はザックの横に落ち、そのまま水のなかに転げていった。岩と岩の浅い流れに落ちた岩魚は何が起こったのかわかっていない。私はそっと近づいて岩魚を包み込むように持ち上げようとした。だが、岩魚の頭が下流に向き、エラが水をはらんだところで、岩魚はぱたりと尾びれをはたき、流れに押されて転がるように、水中に消えていった。

もったいないような、良かったような気分で少し周りの風景を眺めていた。その日は八月五日だった。できればこれからはじまるお盆休みの釣り攻勢も生き残ってほしい。

その後、サルガ滝の流れ出しから、順番に七寸、泣き尺、九寸と釣り、さらに滝壺の奥のゴミが巻いているところから尺岩魚を一本抜き出した。六本釣って平均二九センチである。さすが北又谷。私はいまだにノコギリクワガタとカブトムシがクヌギの樹に群がっていて、どれから捕ろうか迷って混乱する夢を年に二回は見る。とても幸せな夢だ。このサルガ滝の大釣りも今後布団のなかで味わうことができるかもしれない。

北アルプスでちび黒に対する信頼をさらに強めたが、帰宅した私のフライボックスにちび黒のストックはひとつもなかった。先に述べたように毛バリ作りは集中力を必要とする。逆に言えば毛バリを作るとその日のエネルギーの多くを失ってしまう。仕事から帰ってきて、ちょっと数本というのはつらいのだ。それでも和賀山塊縦断ソロサバイバルの出発は近づいていた。翌朝の出勤前に納得のいく毛バリを一本でも二本でも作ろうと心に決めて布団に入るのだが、なかなかストックは増えていかなかった。あげく、バイス（釣りバリを固定する道具）とマテリアル（毛バリの素材）は机の上に出しっぱなしになり、いつのまにか子供のおもちゃになっていた。仕事から帰るとバイスの先にぐちゃぐちゃにマテリアルを巻き付けられたハリが止まっているのである。二年前には毛バリ用の鹿の毛皮が床屋さんゴッコの犠牲になったこともある。それに比べればまだましな息子のオリジナル毛バリを見つめていると、自分の作品を見られていることに気がついた長男（当時・七歳）が私の顔をのぞき込んで言った。

「これで釣って」

いたずらではなく、自分なりに本気で毛バリを作ったようだ。釣り師として気概はあるらしい。だが気合いと釣果が正比例するほど釣りの世界は甘くない。

「これで釣れるのか」マテリアルでぶくぶくのハリを手に私は言った。

「すごく釣れると思うよ」と息子は目を輝かせている。

そんな毛バリが、私の手元にはいくつかある。私は長男に気がつかれないように、新しいコレクションを「子供が作った毛バリ入れ」にしまっておいた。いつか息子が毛バリ釣りをする日が来たら、この毛バリ群をプレゼントし、それで釣ることを強要するつもりだ。

私のほうは時間を作ることができず、しかたなく出発の前々日、朝五時に起きて毛バリを巻いた。毛バリを作るとき心がけているのは、シンメトリックな毛バリを作ることだ。もっぱらの悩みは、マテリアルをついついてんこ盛りにしてしまうことである。左右対称に大自然の秘密が隠されていると私は思う。そして、自分が大食らいだからだろうか、大盛りの毛バリのほうが岩魚も好むのではないかという思いこみがどこかにあるらしい。結果、小さなハリのアイ（環）はイトとマテリアルに潰されて、ハリスを結ぶことが困難な毛バリができあがっていく。

生保内《おぼない》川の上流部でちび黒を岩魚に見切られた私は、毛バリをかつての朋友コガネムシに取り替えた。外羽に使っているナイロンのキラキラを見るたびに私の心はかすかに痛む。自分では作り出せないこのキラキラをサバイバル登山に使うのはフェアとは言いがたい。

ちび黒を見切った岩魚の上流にコガネムシを打ち込んだ。緩やかな流れにのった毛バリが岩魚に向かって流れていくのが見える。岩魚はぴくりとも動かない。食い筋に乗らなかったのだろうか。ふたたび打ち込むが、違う筋に乗せるのが難しい。岩魚の目の前に毛バリが流れ、岩魚は少し身をひねって見に来たが、たいした興味を示さずに、すぐに定位に戻ってしまった。

臆病な岩魚を毛バリで釣るにはこのトロの流れは緩すぎるようだ。手前の岩魚が釣れないと、奥にいる岩魚を釣るのは難しくなる。危険を気取《けど》った（察知した）岩魚が逃げ去ると奥の岩魚を脅かすことになってしまうからだ。奥には大岩魚の気配が漂っている。手前の岩魚を処理するのはあきらめて、できるだけ脅かさないように、奥に毛バリを打ち込んだ。それでも、手前の岩魚は私に気がついて深みに走り去ってしまった。

トロ全体に緊張感がみなぎった気がするが、まずは左から。トロのなかを漂うようにコガネムシ毛バリが流れていく。その毛バリに深いところから岩魚が飛び出してきた。リスク覚悟でつっこんできました、という感じである。しっかりあわせて取り込むと三一センチ。やれやれ。おまえのような大物がやっていい出かたではないだろう。大物に求められる風格がなさすぎる。殺して食おう。

そして、今度は右に打ち込む。七寸くらいの岩魚が定位しているのが目に入った。その岩魚が毛バリに寄る。一瞬、あわせをくれる体勢を取るが、その岩魚も毛バリを見切った。だが次の瞬間、またべつの岩魚が深みから飛び出してきて、七寸岩魚が見切った毛バリをくわえて反転した。一瞬並んだ二尾の岩魚、毛バリをくわえた岩魚のほうが二回りは大きかった。このトロには繊細な小物と、うかつな大物が入っているらしい。釣りあげると尺ぴったり。その後、二本の九寸を釣り上げた。

型がよくなったと思ったら、曲がった先が滝だった。ぐるりと岩壁に囲まれたホールのような滝場である。右の岩のルンゼはなんとか登れそうな気もするが、こんなところで落ちて、ケガでもしたらシャレにならない。

ときどき降っていた細かい雨がいつの間にか、しっかりした雨粒になっていた。おそらく一五時を過ぎているだろう。渓は岩が張りはじめ、安心して泊まれそうなところは見あたらない。

キープしている岩魚たちを生かしたまま滝を越えたかったが、ズックビクを下げたまま滝を登り、危ういところでビクが木に引っかかったりして、無理な体勢を強いられるのが怖かった。

ビクに入っていた岩魚のなかから大きい順に四本をシメて、他は放し、シメた岩魚をザックにしまった。ロープの末端をザックに結んで、ザックを岩壁の下に置き、ロープを肩にかけて岩を登る。岩からルンゼになる岩壁は見た目より登りやすく、滝の上に出るとそこはモッコ岳から来る支流との二股だった。世界は少し前から降り出した雨で煙っていた。夕方に向かって降りが強くなっている。支流の横になんとか小さな平らを見つけ、泊まることにした。不快な一夜になりそうだ。

タープを張り、雨に濡れながら薪を集める。頭の周囲がぐるりと痛い。ノコギリで薪を切るときは、歯を食いしばって息を止めるので、頭痛がさらに激しくなる。理由はわかっている。たんなる脱水症状だ。足下にきれいな水がいくらでも流れているのに、私は釣りに集中すると飲食を後回しにしてしまう。食べることだけではなく出すほうさえ先延ばしにするので、膀胱が破裂しそうになって我に返ることもある。釣りが首尾よく行き過ぎた結果の頭痛。水を飲んで一眠りすればなおる。すべてを投げ出して横になってしまいたい。でも、雨の夜を迎えるための仕事はまだ山積みだ。火を熾こし、水を汲んで、茶を沸かし、米を炊き、岩魚を処理しなくてはならない。増水の影響で終始腰まで濡れているため、昨日から股ズレにもなっていた。いつもなら油薬の小さなチューブを持っているが、小物入れのなかに見つからなかった。ひとかたまり持ってきていたイノシシの燻製をフライパンであぶって、その脂を股ぐらに塗りつけた。イノシシは狩猟チームで仕留めたものだ。

生保内川にて。ズックビクと尺岩魚。

自己調達したクスリというのがちょっと格好いい。だが、雨のタープの下、煙もくもくの焚き火にフライパンをかざして、チンポを出しているのは、どっからどう見ても情けない。

少しずつ光を失っていく森の中でそんな作業を淡々とこなしていく。今日は山菜はなしだ。夜通しの焚き火もなし。ご飯を食べて、岩魚の残りを吊したら、寝床を整えて寝袋に入り、だまって朝を待つしかない。

ガスが上流に流れていく。晴れそうな雰囲気がある。

朝の火熾こしに失敗した。私はメタ（固形燃料）を使って、焚き火を熾こす。丁寧に用意をしなおして、ふたたび火を付ける。雨でしっかり濡れた薪はなかなか火をあげてくれない。

出発したときにはすっかり日が昇っていた。股ズレはほとんど治ったようだ。イノシシの脂が効いたのか、たんなる自然治癒なのか。

昨日最後に登った滝が魚止めだったようで、岩魚の姿はない。

今度来ることがあったら、どこに岩魚を放流するのが効果的か観察しながら溯《さかのぼ》っていく。いい感じの流れがつづくかなと思うとすぐに小さな滝が出てきてしまう。滝は遺伝子の往来を妨げる。生保内川は四つ目の滝より上に岩魚を棲息させるのは無理なのだろうか。

つぎつぎに滝を登っていくと、源頭のササ原に出て、傾斜のある草原を抜け、朝日岳の山頂に立った。遠く稜線上に古い道形が見えている。歩くとしたらおそらくすごいヤブだろう。和賀山塊北部の稜線は道がヤブに埋もれたという噂を聞いたことがある。朝日岳はすばらしいピークになった。

道はなく、山頂に立つためにはほんとうの登山をしなくてはならない。

南面のヤブを漕いで、マンダノ沢を下り、ブナの森がはじまるところが上の二股だった。ルート上に問題になるところはなく、マンダノの本谷はちょうど二股から平瀬になっている。下流には滝場がつづくらしいが、岩魚は棲息していると聞いた。昔の山人のおかげであろう。

昔、山で働いた人々がタンパク質確保のために、釣り上げた岩魚を滝の上に放して、岩魚の棲息範囲を広げていったとよく言われる。私もかつてはその合理性に素直に合点し、かつ、自分の山登りにもその合理性を利用してきた。だが渓流釣りの大先輩になる根深誠は「そんなんじゃなくて、ただ自分の働く山の流れに岩魚がいたほうがいいからだよ」と言い放っていた。感情の問題ということだ。岩魚のいない流れはつまらない。そんな渓は渓ではない。いまでは私も根深の意見に賛成している。

雨は降りそうもないのでタープは簡単に張り、目につく薪を集めた。どうもそわそわと落ち着かないのは、もちろん釣りが気になるからである。

ということで、泊まり場すぐ上の小さな落ち込みに一投。いきなり八寸の岩魚が飛び出してきた。またもや爆釣の予感である。

源流に近いので流れが細く、渓には樹々が覆い被さっている。テンカラは振りにくい。木に引っかけないように振り振り進む。すぐ先で左岸をえぐるように渓が曲がっていた。手前から丁寧に攻めていく。かけ上がりで七寸。すぐに流れに戻す。こいつではない。流下物を効果的に口にできる場所に本命がいるはずだ。一歩半進んで、深みより上流に毛バリを落とす。いつものように毛バリは流れに乗って水に沈み、見えなくなる。私はラインにドラッグ（不自然な力）がかからないよう腕全体を持ち上げた。ラインが水面から突き出すようにうまく流れていく。そのまま、えぐるように渓が曲がっていたところへゆっくり入っていく。そして、ラインが揺れるように止まった。この夏、何度も見てきた光景だ。

よしと、あわせをくれる。びゅん、と竿が鳴き、その後がいつもと違っていた。さらに、びん、と音がして、ラインが空にはねたのだ。一瞬何が起きたのかわからない、というより、信じたくない。あわせ切れだ。

手応えのないあわせ切れではなく、一テンポ置いたあわせ切れは、手元に鮮明な岩魚の感覚を残していた。

「かなりデカかった……ような？」ここでもまた宇宙の法則である。

根掛かりではなかった。スレ（魚体にハリが掛かること）だったのかもしれない。いや、ラインの動きは、岩魚が毛バリをくわえたものだった。

源流では軽いあわせ切れやバラしでは、もう一度食いついてくることもある。毛バリを結びなおし、淡い期待で数度打ち込んだが、反応はなかった。落とした岩魚が頭の中でどんどん大きくなっていく。もしかして四〇センチを越える今シーズン最大の大物だったかもしれない。いや、実際そんな感覚だった。丸太のような岩魚が首を一振りして、ハリスを切ったような、そんな映像を思い浮かばせる感触だったのだ。

そのまま少し釣り進んだが、集中できず、木の枝に毛バリを引っかけた。たちの悪い引っかかり方で、毛バリは枝に取られてしまった。そして毛バリを結びなおしてすぐ、ふたたびあわせ切れ。結びが甘かったかとハリスを見ると、ハリスはラインとの結び目で切れていた。

ツキとか風とか流れとか、もしくは勢い、なんて言葉で表現される運・不運の連鎖というものはどうやら釣りにもあるらしい。もちろん、最初のあわせ切れを何とか埋め合わせようとした焦りが、悪い流れを作ってしまったのだ。

一息入れて、もう一度ひとつひとつを丁寧にやり出したときには、谷は源頭部の様相で、すでに大きな岩魚が付いているようなポイントはあらかた通り過ぎていた。

夕食用に八寸ほどの岩魚を三本だけキープして、泊まり場に戻った。今夕のオカズは、岩魚二本とミズ（山菜）ということになる。一本の岩魚は明朝の刺身定食用にビクに入れて流れに沈めておく。

河原に落ちている小さな流木で岩魚の頭を叩いて殺す。腹を開き、ワタを出して森に投げる。「水に流す」という言葉があるくらい日本人は水流にものを捨てることに抵抗を感じない。岩魚を捌《さば》いていてもアラやワタをつい水のなかに投げたくなる。だが、渓流に生ゴミを沈めても、食べてくれる生き物は少なく、分解するのにも時間がかかる。岩魚のワタは森に投げておけば、森の小動物や昆虫が喜んで食べてくれる。

岩魚をまな板がわりのベニヤにのせ、三枚に下ろす。背骨と頭は塩コショウして焚き火の近くに吊しておく。

獲物にはそれを捕らえた者が含まれている、と思う。小さな岩魚より、大きな岩魚を釣りたいと思い、釣っても嬉しいのは、それが合わせ鏡のように、私の存在を肯定するからだ。

かつて私は、冬山や岩壁など、危ういフィールドに身を置き、そこで山頂をめざすことで、生きていることを実感していた。困難と危険のなかに目標を設定し、それをなし遂げることで、充実感や達成感を得ていたのだ。

今は「死の予感」をちりばめて生を実感するのではなく「手作りの登山（生活）」に、もしくは食料調達の「殺生の先」に、生きている自分や、まぎれもなく存在している自分を感じるようになった。サバイバル登山を通して感じる存在感とは、自分が間違いなく地球の生き物の一種類だと実感する喜びのようなものだ。

食べるために生き物の命を奪うという行為は、少し前まではだれもがやっていたことだ。しかし、現代都市生活ではほとんど経験できなくなってしまった。少なくともサバイバル登山を始めるまで、私にとっても食料とは商店街やスーパーで買う物だった。

「殺す」という行為は気持ちがいいものではない。専門の場所でまとめてやったほうが効率もいいのだろう。だが体験を手放すと、それにともなう感情まで手放すことになる。「効率」と「快適」を追い求めることで、私たちは生きるための根源的な体験を失ってきたのではないだろうか。体験とは身体感覚そのものである。生きるための生活そのものが「生きている実感」につながっている。私はサバイバル登山を通してそう感じてきた。

文明の防御力はときに死を全面否定しているかのように映る。人間の死もだが、食べるために殺している動物の死も隠している。だが、死を否定するとそこには命そのものの存在がなくなってしまう。命というものは死ぬ可能性があるから命である。生＋死＝命。この法則は絶対であり、死があるから生きているのは面白い。

空に雲はなく、一晩中焚き火を焚きながら、木々の間の星を眺めて、眠った。

予定外の悪い天気と予想外の良い釣果で、日程は遅れていた。あと二日しかないので、完全な和賀山塊の縦断はあきらめた。空はふたたびいやな雲をちりばめはじめ、このまま堀内川《ほりないがわ》を街までくだり降りてしまいたい衝動が少しずつ大きくなっていく。

マンダノ沢は、岩は張っていないが傾斜がきつく、巨岩が大きな滝をつくっていた。八滝沢《はったき》（八龍沢）との出合まで、二時間ほど費やしただろうか。いつの間にか細かい雨が降っていた。下山するか、溯《さかのぼ》るか。答えは決まっている。上だ。ここまで来たら、和賀岳を踏みたい。出発前は悩んでいたが、歩き出せば先に行くことを選択するだろうことは、自分でもわかっていた。問題は今夜、雨の中、どこで眠るかである。心の奥で、五万分の一地形図に書いてある薬師岳避難小屋が気になっていた。そこまでがんばれれば、雨でもましな夜を過ごせる可能性が高いからだ。

とりあえず、八滝沢を登り出す。名前のとおり、渓は傾斜が強く、登れない滝は巻きあがる。ときどき型の良い岩魚が走っていく。二股を過ぎると八滝沢は傾斜を少し落としはじめた。平瀬とは言いがたいが、メリハリがあってテンカラ師を誘う地形だ。だが、小屋まで行くなら先を急ぐ必要がある。

しばし考えたあげく、「老後のために和賀・八滝沢の岩魚を釣ったという思い出は必要だ」という言い訳をひねり出した。「いくつもの滝を越えて岩魚は存在するのか生態調査」のほうがいい理由だろうか。

最初の小さな落ち込みで、生態調査の結果は出た。つぎは型を調べよう。あまり大物は出ず、最大八寸を釣っては放していく。とはいってもそれほど魚影は濃くない。いい頃合いで、竿をしまって先を急いだ。

標高を上げるほどに天気は悪くなっていく。全体にガスがかかり、雨が雨具の表面をしたたりはじめた。

上流部で平らな場所を見つけると、しばしたたずんで検討する。泊まるべきか行くべきか。平地を作り出すまでの労力と、薪の集積能率、増水などの危険、明日の距離の残り具合などを総合判断する。周りの樹林はブナからカンバ系に変わっていて、上質な薪は期待すべくもない。ここだという場所はなく、ずるずると前進をつづけ、そのまま源頭になってしまった。しかも、源頭はヤブだった。

背の低い灌木とネマガリタケが混じって高密度のヤブを作り出していた。かなりの労力を費やして稜線に上がると、そこにはかつての道の名残があった。踏み跡をたどって、和賀岳に登頂する。いつの間にか雨は上がり、薄雲の中にぼんやり太陽が見えた。一四時過ぎといったところだろうか。

山頂はたんなる象徴でしかない。登山は行程のほうが重要だ。どこに登ったかではなく、どうやって登ったかが、登山の重要な要素である時代なのだ。だが、通過点ともいえるその山頂で、私は珍しく感動していた。たどってきた行程は和賀岳を踏むのに、理想的なラインだった。出発前からのその思いが、実際に歩いてさらに強くなった。和賀岳から北の主稜線には登山道がない（放棄されヤブに埋もれた）というのがなんともいい。小さな日高山脈のようなこの山域で北から本峰・和賀岳を踏むには、沢をつないで歩くのが美しく、森の流れを旅するなら、森の恵みを享受しながら、身軽に歩くサバイバル登山が最上のスタイルだ。

湿気を含んだ風が山頂の茶色い草原を揺らしていった。原始のままの山塊でこそ、ほんとうの登山ができる。ほんとうの山登りはそれだけですがすがしい。自分の力で登ったと心から実感できるからだ。

北アルプスの縦断でも一二日間を一人で歩き通したが、稜線でたくさんの登山者に会い、人工物を目にしてきた。「ずっと晴れみたいですよ」という情報を聞いて、安心する自分がいやになった。だが、和賀山塊では誰にも会わず、天気はたえず変化した。悪天では気分が沈み、晴れれば気持ちも明るくなった。そんな浮き沈みのなかで、登山そのものも揺れ動く。単独行者はつねに山行《さんこう》をやめる不可抗力な理由を探している。それらに何とか打ち勝って、山頂に立つと、少しだけ自分が強くなった気がするのだ。

あとはもう、五万分の一地形図に記された薬師岳避難小屋に逃げ込むだけだ。マンダノ沢の上の二股からここまで来たんだから、サバイバルとはいえ最後の夜くらい避難小屋に入ってもバチは当たらないだろう。

刈り払われた道を急いだ。歩きやすく、距離をどんどん稼いでいく。ブナの森にはいる頃にふたたび雨が降り出した。私は避難小屋とその備品を勝手に想像しながら先を急いだ。コンロ類を持っていないので、避難小屋でも焚き火を熾こさなくてはならない。小屋の前で焚き火ができるだろうか。日暮れまであとどのくらい猶予はあるのか。もし小屋にダルマストーブでもあれば、それを利用できる。ダルマストーブがあるなら、薪の一抱えくらい置いてあってもいいだろう。もしかして登山者が放棄した食料がいくらかデポしてあるかもしれない。毛布はどうだろうか。

いつのまにか頭のなかには、ろうそくに照らされた小屋の中で、毛布の上に座りながら、ダルマストーブにあたり、カップラーメンを食べている自分がいた。デポ食料の筆頭といえばインスタントラーメンである。街では絶対に食べないあの安っぽいちぢれ麺と、毒々しいスープが、山で食べるとうまいのだ。ナベやカップの底に残った麺のカスがたまらないのである。

ああ、ここまで期待させておいて、もしダルマストーブがなかったら、どうしてくれよう。妄想を仮定に変えて、その上に妄想を重ねるのはストーカーの才能だ。私の得意技でもある。

「倉方」という道標が出た。「小屋まで一キロ、水場まで一・二キロ」と書いてある。長い一日だった、さすがに足は疲れてぼろぼろ、持病?の股ズレも再発してきた。オレって玉がでかいのかな? 子供も三人いるし……なんて馬鹿なことを考えて自分を励ます。

変なテント場のような平地を通過。小屋が近そうだ。雨が激しくなってきた。

地図の小屋マーク付近にいるはずだが、小屋はない。さらに歩みを進めると道は下っていく。いやな予感が頭の中に漂いはじめ、道は小さな沢を横切った。道標には「水場」とある。そして「倉方まで一・二キロ」と書いてあった。言うまでもない、二〇〇メートル手前の道標がいう小屋の場所にあったのは、あの変なテント場だ。薪ストーブ? デポ食料? 毛布? ははは、笑うしかない。小屋そのものがありゃしない。

くそう、日が暮れる前に米だけは炊かないと……。タープを張って、いや、その前に、水くみと薪集めが必要だ。雨が強くなってきた。

ああ……、これだから五万分の一地形図だけが情報の山旅はやめられない。

第三章　単独待ち伏せ猟

心身の弱い人間は、ここでは必要がない。無為や無頓着などというものは、森の住民のために創り出されたものではない。森の放浪者は、そうしたものを知ってはいけないのである。

——ニコライ・A・バイコフ『バイコフの森』

〇七／〇八年狩猟シーズンの解禁日は〇七年一一月一五日。この日を山の中で迎えると、ずっと前から決めていた。

二年前の最初のシーズンは今思えば、右も左もわからず、ただ、免許取り立て、購入したての銃をもって、言われたとおりのところに行って、座っているだけだった。鹿を一回だけ視認し、期待薄で発砲してシーズンが終わった。一一月一五日から二月一五日までの三カ月間、毎週末山梨の山村K村に通い、一回しか獲物に向かって発砲しなかったのである。

先にも書いたように、K村で行なう狩猟方法は巻き狩りというものだ。山の中のどこに獲物が潜んでいるかを予想して、狙いのケモノを囲むように待ち伏せの包囲網を張り、犬をかけてケモノを追い出す狩りである。なぜかケモノは私の待ち伏せ場所（タツマ）にはかからず、仲間のところに飛び出して、撃たれて、死んだ。私はもっぱら、ケモノが仕留められた場所に駆けつけて、運び下ろし、解体する役目で、最初のシーズンはケモノの解体を覚えたシーズンといえた。

そして二年目の目標は、とりあえず自分の銃でケモノを仕留めることに据えた。

最終目標は一丁の鉄砲を片手に山にこもって、獲物を食料に長期の山旅をおこなうことにある。狩猟と登山を融合したいのだ。それには、単独でケモノを仕留められる猟師になれなければ話にならないし、そのためにはまず、巻き狩りだろうが単独猟だろうが、とにかく獲物を手にできなくてははじまらない。

二シーズン目は、お世話になっている山村の巻き狩りに参加しながら、時間を見て独りで山を歩いてみた。登山では単独行や単独登攀をくり返してきたのでひとりで山に入ることに抵抗はなかった。登山経験の上に、ケモノや猟場になる山の雰囲気に慣れたのだろう、二シーズン目はかなりの鹿に遭遇することができた。遠いながらも何度か鹿に向かって発砲し、一二月の霧の深い日には、単独渉猟中に自分の鉄砲玉を鹿に当てることに成功した。腹部を貫通した弾は、残念ながら鹿に致命傷を負わせるにはいたらず、血痕を一時間追いかけたのだが、鹿を回収することはできなかった。その後も、何度か発砲するチャンスはあったが、弾を当てられるような好条件で鹿に遭遇することはなかった。つぎに私の弾が獲物に当たったのは、猟期の最後の巻き狩りで、犬が私の目の前に雄鹿を追いだしてくれたときだった。

一発の弾丸で鹿は身動きができなくなり、私は鹿の頸動脈を切り開いた。これが私の狩猟人生、最初の獲物となった。二シーズン目で初物を得るという結果は、大物猟の世界では悪くないらしい。

悪くはない、とは言っても目標はまだまだ遠い。登山の食料調達に鉄砲を応用するには、犬の力を借りずに、ケモノを仕留められるようにならなくてはならないからだ。

二シーズン目が終わってから三シーズン目がはじまるまで、単独猟でどうしたら獲物を仕留められるか、ずっと考えつづけてきた。

単独猟といっても犬を使うものと使わないものがある。犬と協力しながらでも、人間が独りなら単独猟と呼ばれている。私がめざすのはほんとうにひとりぼっちの猟である。

まず、狙いはイノシシや熊ではなく鹿に定めた。どのケモノも警戒心が強いが、とくに野生のイノシシは昼間は藪の中で眠っていて、犬の力を借りずに見つけ出したり、追い出したりするのが難しい。冬眠に入った熊なら、ひとりでも仕留められそうだが、熊の穴に精通していないので、雲をつかむような話になる。

鹿も警戒心は強いが、適度に動き回り、抜けたところもある。足音だけでも強い警戒を示す一方で、足音だけで逃げ去っていくわけではない。足音プラス人の姿、もしくは許容範囲を超えて近づいた物音などが逃げる信号のようだ。のべつ幕なしに警戒すべき音から逃げ回っていたら、一日中森を走っていることになり、生きる行為そのものが成り立たなくなるのだろう。何よりも個体数が熊やイノシシよりも多く、遭遇する可能性が高い。

ひとりでうろうろする場所は、今はどこの狩猟集団も猟場としてつかわなくなった、村から離れた山の奥である。狩猟者が（高齢化で）減り、ケモノが（地球の温暖化で）増えた結果、山村近くでも充分に獲物が得られるため、わざわざ山奥まで行く猟師はいなくなった。村で使っている猟場で単独猟をおこなうのは仁儀に反する。山に入るのは専門分野。となると自由に歩ける山奥の猟場は私にとってはパラダイスといえた。フリーな猟場の情報を得られたのも、山村にお世話になっている大きな副産物のひとつだった。

昨シーズン、ひとりでうろうろ歩き回って、合計で二〇頭前後の鹿を目撃した。その結果、鹿がよく通っている場所や、寝ている場所、鹿の密度が比較的濃いエリア、鹿を目撃することの多い天候などに、自分なりの答えをもちはじめた。

天候に関して言えば、霧の日には鹿は警戒心を解いてうろついていることが多い。これはK村で私の師匠役を務めるタカノリさんの「曇りの日はケモノが近い」という言葉でも裏付けされている。逆に晴れの日に見通しのよいところで鹿に出会えることは少なく、そんな日は夜明けや夕方など薄暗い状態のときや、針葉樹の暗い森で出会うことが多い。ちなみに、夜間（日の入りから日の出まで）に鉄砲を撃つことは法律で禁じられている。昔はムササビをバンドリ（晩鳥）などといって、夜撃ちしたが、現在は誤射による事故を防ぐために夜の発砲は禁止されている。

鹿は登山道や仕事道に出てくることもあるが、おもに棲息するのはヤブのなかである。鹿を求めてこちらがヤブに入れば、かならず音が出るので、警戒されてしまう。少なくともこちらが相手を見つけるより先に、鹿は私を見つけている。

二シーズン目のある日、避難小屋で休んでいると、小屋の前を三頭の鹿が歩いていった。以前からうすうす「こちらが動くより鹿を動かしたほうが効率的ではないのか」と感じていた。単独猟にも忍び猟と待ち伏せ猟の二つがある。ただ、どこでどう待てば、こちらが動く以上の効率を得られるのか自信がなかった。

それでも、二シーズン目の観察から、鹿は標高の高いササと森の混成を好むことはわかった。その周辺を歩いてウツ（足跡・ケモノ道）を観察し、ハイウェイのように使われているケモノ道を同定して、そこで待ち伏せすれば鹿がやってくる確率が高いかもしれない。

自分の経験を思いおこし、地図を見て、いくつかの待ち伏せポイント候補を挙げてみた。そのなかから、アクセスがよくて、解禁日の前夜にもアプローチできる場所を絞り込んでいった。

標高一五〇〇メートル前後のササヤブを第一候補とした。十一月とはいえ、明け方は氷点下に冷え込むだろう。どのような装備で待つか。登山と違って、待ち伏せ単独忍び猟は、止まっている時間が長い。ぶるぶる震えて鹿を待つのはよくない。巻き狩りでも、寒い日に日陰や風おもてが担当になると、ケモノを狙うとかいうレベルではないくらい身体が震えることがある。寒さは気力を奪っていく。それは意志の力でどうにかできるものではない。かといって焚き火もガスコンロも現実的ではない。煙や音が出るので、ここに人がいますよと教えているようなものだからだ。

食料は凍りにくいうえに嚙むとき音がでないパンをメインにした。小便の回数を減らすためできるだけ水分は控える。これは身体の代謝にとってはよくないが、まずは獲物が優先だ。防寒は羽毛服を駆使するしかないだろう。こすれても音のでにくいマットのうえにいったい何時間座っていることができるのだろうか。

解禁前夜

十一月一四日、少し早く会社を出て、中央線に乗った。帰宅するサラリーマンですでに電車は満員である。猟銃を分解して入れているザックは八〇リットル。まさか、鉄砲が入っているとは誰も思わないだろう。持ち主の管理下に置かれているかぎり、公共交通機関で鉄砲や定められた範囲内の装弾を持ち運ぶのは違法ではない。

タクシーで登山口に乗り付けたときには二一時を過ぎていた。ヘッドランプをつけて登り慣れた登山道をゆく。

登りだしてすぐに、鹿の足音が右手のササヤブの中を駆け下りていった。しばらくして下方から「ピーピー」と鳴き声が聞こえてくる。さらに二つの鹿が、がさがさとヤブを下りていく音がつづいた。

二時間歩いて峠に出る。ここでも、暗闇の中を鹿が鳴きながら移動していく。ヘッドランプの光では姿を確認することはできない。

今年（〇七年）の秋、奥多摩・奥秩父地方の栗・ドングリは豊作だという。山にエサが豊富なため、山沿いの村からも深刻な農作物の被害は報告されていない。これからの降雪にもよるが、今冬はケモノにとって例年よりすごしやすい冬になりそうだ。逆に来年以降、木の実の不作や激しい降雪があれば、今シーズン増えた鹿が里に下り、農作物の被害が跳ね上がることになる。

日本人は農耕民族だから、狩猟を代表する殺生の文化にはなじんでいないといわれる。たしかに、平均的な日本人が哺乳類の肉を口にするようになったのはここ一〇〇年ほどのことだという。だが、ヒトは野生動物が生息していたところを開拓して住処《すみか》を広げてきた。それは農耕民族であっても変わらない。ケモノ対ケモノであっても、ケモノ対ヒトであっても、生き物は直接間接は別にして、スペースを奪い合って自分の生活域を確保している。ヒトは原野や森に棲息する生物に圧力をかけて、居住地域や耕作地域を略奪してきたのだ。日本では、狩猟採取という積極的な方法ではなく、農耕生活圏を守るという防御的な狩猟でケモノと関わってきた傾向がある。食料の基盤を肉類にゆだねるために狩りを行なおうが、農耕地を守るためにケモノを追おうが、生き物が地球に住んでいくということは、結局、命と命のぶつかり合いにほかならないと私は思う。

近年、人里に熊をはじめとするケモノが出没して、人間の生活を脅《おびや》かす事態が報告されている。いろいろな理由があるのだろうが、狩猟文化や山村文化の研究者のあいだでは、過疎・高齢化により山村のマンパワーが低下した結果、ケモノと人間とがせめぎ合う前線が人間の居住空間側に下がってきたのだと捉える人が多い。

私の世話になっている山村の狩猟集団も高年齢化が進み、狩猟者の数も確実に少なくなっている。山村の生活を守るために「ケモノは撃ち殺しておけばいい」と野生動物を親の仇のようにいう人もいる。

私は登山者のひとりとして、自然との融合と共生を模索してきたつもりだ。共生とは、手に手を取り合って、仲良く生きていくことではない。人とケモノの住処が近いところでは、威嚇や脅しをこえて実際に「奪い合う」ことで、それぞれが生をつないでいく場合もある。それは本来の自然の法則だ。ときに殺し合うことこそが共生になることもあるのである。おたがいが精一杯生きることがほんとうの共生なのだ。

都会から狩猟仲間に加えてもらっている私には、生活を守るためにという目的はなく、野生や自然に対する敵意もない。私はただ、おもしろいから狩猟をやっている。獲物を狙うという行為に秘められた魅力は甘美なうえに奥が深い。ケモノを追う行為、食べ物を自分で捕まえる行為、つかまえた物を解体して、食べるという行為。これほど興味深い行為はなかなかない。そこにはひと言では表しにくい生命の秘密が隠されている。それは精一杯生きることのヒントのようなモノだ。ただ、現代の狩猟では自分がやられる側になることがほとんどなく、一方的な殺戮をした先で「殺し合うことが共生だ」と主張したり、殺生に「甘美な魅力」などという形容をつけるのがアンフェアであることも自覚している……つもりだ。

解禁日

広い斜面の中程に小さく盛り上がった丘がある。植林用の作業道が丘の頂上を避けて、低いところを越えている。丘を越える部分は峠のようになり、斜面の上部にもべつの道が分かれて延びる。昨冬、雪が降ったあと、そのT字路に鹿の足跡が複数ついていた。そこが待ち伏せ第一候補地である。

ヘッドランプに照らされるその作業道に、新しい足跡は確認できなかった。あたりはカラマツが混じったヒノキの植林と雑木の混成林で、地面はまばらなササに覆われている。丘側に少し登り、ササヤブが薄い場所を見つけて、落ちている木の枝をどかし、マットを敷いた。マットの上に身体を横たえて、背中で感覚を確かめてから、上半身を起こしてみる。ササヤブの向こうにT字路が見える。射撃に支障はなさそうだ。そこで眠って朝を待つことにした。二シーズン目の猟期が終わってから数ヵ月間考えつづけてきたことをひとつひとつ試す。それが、この猟期の課題だ。鉄砲を組み立て、弾倉に弾を込める。羽毛服を着込み、寝袋に入った。これが最終的に選択した防寒対策である。朝が来たら、上半身だけシュラフからだし、身体の上にカモフラージュ柄のマントをかぶって座ったまま鹿が通るのを待つ。

気温はそれほど下がらずに、朝を迎えた。左手、東の空が薄赤くなっている。時計を見ると夜明けまでは一五分ほどある。猟場で、待ち伏せの態勢に入って猟期を迎える。イメージどおりのシーズン開始になりそうだ。弾を弾倉から薬室に送り込んで、安全装置をかけた。

二時間が経過した。世界は完全に明るくなっている。

ケモノが通る気配を何一つ感じることはできなかった。昨シーズン、T字路に積もった雪の上には、大小たくさんの鹿の足跡があった。今シーズンは、このT字路は目抜き通りではないのかもしれない。

猟の方法を忍び猟に切り替えることにして、水が流れているところに下りた。焚き火を熾こして、お湯を沸かし、スープにお餅を入れる。朝食を食べたら、つぎの待ち伏せ地候補まで静かに歩いてみることにした。まだシーズン初日なので、忍び猟にせよ、待ち伏せにせよ、ケモノの警戒心は薄いはずだ。

小鳥が甲高い声を発しながら谷間を飛び抜けていった。霜柱の立ちはじめた道に、鹿の古い足跡がついている。

上から物音が聞こえてきたかと思ったら、犬を連れた鉄砲撃ちのおじさんが谷を下ってくるところだった。顔つきの優しいポインターが、私の食料袋からなにかをさらって走っていった。「こら！」とおじさんが叫んでいる。平日だったが、さすがに解禁日は狩猟者が山のなかに多いようだ。

「すいません。バカ犬が……」とおじさんが頭を下げ、集弾装置（ボス）付きの自動銃を樹に立てかけた。

「初日で、うれしいのは僕らだけではないみたいですね」と私は答えた。

おじさんは「こら！」と遠くの犬を叱っている。

「大物ですか？」とおじさんが私の銃を見ていった。鉄砲撃ちはさりげなく相手の銃を見る習性がある。私は相づちを打った。

「ひとりで？」

「今日はひとりですが、週末は村の狩猟集団に加えてもらっています」と、山の向こうにある村の名前を言った。まったくの部外者だと思われたくなかった。

「ひとりで大物が捕れますか？」とおじさんが言った。

「捕れないですね」

「さっき鹿を見ましたよ。林道ではイノシシも」

「撃たなかったんですか？」

「鳥弾《とりだま》で撃ってもね。鹿なんか捕っちゃったら、犬が鹿を覚えちゃうし」といいながらおじさんは犬を見て、「獲物は撃つ気のない人のところに出るんですよ」と笑った。鉄砲撃ちの基本ジョークだ。「鉄砲をもっていないときに限って獲物に出会う」というのが通常のパターンで、「獲物は下手くそを知っていてそこに出る」というのがトゲのあるパターンになる。

「今日はどちらまで?」とおじさんが聞いた。

「鹿のいそうなところを歩きながら、今日も山に泊まって、明日もゆっくり歩いて、たぶん、明後日の朝に村におります」

「え? テントとか?」

「いや、ごろ寝です。天気もいいし」と答えると、おじさんはちょっと信じられないという顔をした。「登山に使う服とか寝袋をもっているんですよ」と私は餅の入ったスープを、ゆっくりすすりながら言った。「おじさんは日帰りですか」

「下に停めた車からちょっと歩いているだけです」

少し前に、下の林道から聞こえたエンジン音がそれだろう。

「よかったら、一緒に少し歩いて見ますか」とおじさんが言った。私はひとりで好きなように歩きたかったが、おじさんは同好の士と時間をともにしたいらしい。ここいら一帯をすでに犬を連れて歩いてしまったとしたら、私が鹿に会える可能性はかなり低い。鳥撃ち用の猟犬の仕事を見てみるのもいいかもしれない。

私は地図を広げて、おじさんにルートを提案してみた。少し回り込むように車に戻る作業道がある。

「道が荒れていませんか？」とおじさんが聞く。

「今シーズンはまだ歩いていませんが、昨年はかなり整備されてましたね」

荷物をザックにしまい、おじさんを先にして作業道を歩き出した。犬はわれわれの前をジグザクに走っている。

「こいつは鹿もポイント（獲物が近くにいることを主人に教える動き。通常山鳥やキジにおこなう）しますから」とおじさんが笑っている。

しばらく歩くと犬がどこかに消えてしまった。おじさんは口笛を吹いて呼んでいる。そんなに音をあげてしまったら、このあと小一時間は鹿に会うことはなさそうだ。そのまま作業道の分岐まで一緒に歩いた。おじさんは分岐で犬を待つという。道を説明し、おたがいの健闘を祈る軽い挨拶をして、私はひとり歩き出した。

沢沿いを下るように、少し歩いてから、薬室に弾を装填した。安全装置をかけてふたたび歩き出す。さっきまでは人と一緒だったので、弾倉にしか弾を入れていなかった。渉猟中に薬室に弾を込めることは推奨された行為ではない。暴発や誤射事故を防ぐため、獲物を確認してから、薬室に弾を送り込むべしとされている。だが獲物が出てから、狙って撃つまでの猶予は、せいぜい一秒といったところだ。二秒あれば、猟師にとってかなり長い時間だといえる。三秒あれば、それなりに狙って発射できる。ヤブが深い奥多摩の山中で、薬室を開けておくのはナンセンスだ。視界に人が入っていないときは、私は薬室に弾を込めている。人がちらりとでも見えたら弾を抜く。銃がボルト銃なので、安全装置は撃鉄の動きを直接止めるようなシステムになっており、引き金の動きを止める自動銃やポンプ銃より事故が発生する可能性は低いというのも言い訳のひとつ。

突然、右上から、がさがさがさという、大型獣の動く音がした。目をやるとササヤブの奥に雌鹿が二頭。右手の親指で安全装置をはじきながら、ヤブに銃を向ける。ヤブが深くて、鹿の姿は確認できない。ちらっと背中が見えて、銃を向ける間もなく、またカラマツとササヤブの間に消えていった。

銃を獲物に向けて安定させることができず、引き金は引けなかったが、今シーズン最初に見た鹿だ。おじさんと別れてから五〇〇メートルほどしか歩いていない。おじさんがあんなに音を出していたのに、鹿は気にせず、ヤブのなかにいたことになる。渉猟中はできるかぎり音を立てないほうがいいと私は思っているが、鹿が気にする音への認識を変える必要があるかもしれない。安全装置を確認して、また、歩きはじめた。

あたりの物音に注意しながら、ゆっくり作業道をたどっていく。昨年、二頭の雄鹿を見たところに来て、さらに歩みをゆるめる。木の陰から、そっと先をのぞいてみる。鹿はいない。どうすれば鹿に会えるのか、何万回と悩んだ疑問がまたここでも頭に浮かび上がる。いま私が考えている方法論は、天気のいい日は待ち伏せ中心に猟をおこない、霧や霧雨の日は忍び猟がよさそうだ、といった程度だ。待ち伏せもどんな地形が有利なのか、データはほとんどもっていない。

アメリカではケモノの棲息地域に生えている大きな樹にツリーハウスのような見張り台をつくって、ケモノを待つという。見張り台を作るセットがアウトドア用品店で売っているそうだ。日本とは所有地の規模が違うのだろう。

高い見張り台でケモノを待てれば効率的だ。遠くまで見渡せるうえに、大型哺乳類は上空への警戒心が弱い傾向がある。弱点としては、ツリーハウスを作る手間、風通しがよくて寒いこと、身動きすると音が出ることなどが考えられる。銃にスコープ（望遠鏡型照準器）も必要だろう。

ただ、見張り台での猟は、忍び猟と併用したり、登山の方法論に組み込むには無理がある。ヤブに座り込む待ち伏せは、登山行為のなかに組み込めるが、あまり多くのケモノ道を見張ることができない。いくつものケモノ道が交錯している待ち伏せ場所を選ぶにせよ、ある程度のギャンブルは残ってしまう。複数のケモノ道を見られる理想的な場所は、必然的にすべてのケモノ道から遠くなり、弾を当てるのも難しい。なにごとも程度とバランスの問題で、その場所の利点弱点を考えながら、現場に応じて、何を優先させるかをそのとき考えて判断するしかない。

昨シーズン、二回鹿を見た小さな尾根を登る。ケモノ道はハッキリしていて、足跡も、糞も新しいものが確認できた。すでに、正午を過ぎていた。大きな山を越えた向こうにも、昨年、鹿をたくさん確認した場所がある。今日の夜はそこで眠るつもりだったが、これから行くとなると、着くのは一五時過ぎになる。それから、水を汲んで、焚き火を熾こしてとなると、かなり忙しい。

すこし歩くと、尾根からはずれたところに鹿の寝屋（寝る場所）があった。人が寝転がれるくらいの平らになっている。下の沢をのぞき込むと、少し下れば水が出ていそうだった。

鹿の寝屋で

ざっざっざっざ、という鹿がササヤブを歩く足音が、覚醒半分の頭のなかに飛び込んできて、あわてて目を覚ました。

「鹿？　来た？」と思いながら、上半身を起こし、重しのようにお腹の上に置いておいた鉄砲を持ち上げて、あたりを見回した。鹿の姿はなく、音もない。

夢か、空耳か、まぼろしか。音は夢ではなかったように思えるが、自信がない。

立ち上がってみようかと思った。ここから見えないすぐ近くに鹿がいるかもしれない。だがそれは、つぎの足音が聞こえてからでもいいと思いなおした。

どのくらい寝入っていたのかわからなかったが、まだ、世界は充分に明るかった。光の感じが変っていないので、眠っていたのは小一時間くらいだろう。ここで鹿を待つと決めてから、沢を少し下り、水場を確認した。水はすぐに出ていたので、ポリタンクを満タンにして、寝屋に戻り、落ちていた小枝をどかして、マットを敷き、羽毛服の上下を着て、手袋をはめた。荷物を整理して、横に置き、足を投げ出して斜面にもたれるように座った。寝屋は斜面をL字に切ったような地形になっていて、投げ出した足にだけ日が当たっていた。寒いということはなく、うつらうつらしていたのだろう。もちろん時計を見れば時間はハッキリするが、鹿の足音が聞こえたような気がする今、余計な身動きはしないほうがいい。

昨シーズンの初め、朝一のバスで登山口に着き、鉄砲片手に、登山道のない尾根を登ったことがあった。ヤブ尾根の中ごろでザックをおろし、左奥の谷に鹿でも歩いていないかと、のぞき込んでいたときのことである。休憩を兼ねていたので、意味もなく少しのあいだ、谷をのぞき込んでいた。すると、逆側の右の谷からなにかが登ってくる音がした。最初、変だな、と思う程度で静かにしていたのだが、足音はざくざくざく、と何の疑いもなく近づいてきた。

鹿だ。鹿が勝手に向こうから近づいてくる、と思い、胸が高鳴った。もしかしたら人がすごい勢いで登ってくるのかもしれない。いや、鹿だろう。どうしよう。私は、音のほうに背を向けてかがんだ態勢だった。体を回さなくては姿を確認することはできない。

足音はおそらく一〇メートルほどのところまで近づいていた。私はまずそっと片足を上げて、つま先を開くように地面に置いた。足の位置を変えておけば、すばやく振り向くことができると思ったのだ。だが、置いた足に体重をかけたときに、足の下の枯れ葉が音を立ててしまった。

近づいていた足音がピタッと止まり、無音の時間が流れた。

ふたたび歩き出せ、と私は念じた。

だが、足音はバサッバサッバサッと斜面を駆け下りていった。すぐに私も音のほうに走った。だが、姿すら見えなかった。ただ音だけがササヤブの斜面を遠のいていった。

この話を村の猟仲間にしたら、鹿は衣擦《きぬず》れでも気取《けど》って走るので、音は絶対に立ててはダメだといっていた。

上を見ようと少しひねっていた身体をもとに戻し、つぎの音を待った。何も変わらない時間が少し流れた。首だけ動かして、左の奥を見て、その首をまた戻そうとしたとき、やっぱり鹿がいた。視界の左隅に動くものがあった気がして、目だけ動かすと、離れた樹林の間で鹿がこちらを凝視していた。立てた耳をいっぱいに開いてこちらに向けている。心臓がバクバク跳ね上がって、耳の奥を鳴らしはじめた。私は親指だけをそっと動かして、銃の安全装置を解除した。もし、鹿が動いたら、こちらもすかさず、銃を向けなくてはならない。

鹿は逃げなかった。おそらく、われわれはほとんど同時におたがいの存在に気がついたのだろう。私には色が見える。形を捉えて、概念から判断する能力もある。だが鹿には色を見る能力がない（らしい）。おそらく、人間のフォルムを頭のなかで作りあげ、いろいろな姿勢に動かす想像力もないのだろう。私がこれ以上動かなければ、私を人間と判断することはできないはずだ。

鹿は私を見つづけたまま、必死に耳を動かして、音を拾おうとしていた。なにか不自然な怪しいものが少し離れたところにあることは鹿にもわかっているらしい。私は身動きひとつしないで、その鹿を見つづけた。

鹿に角はなかった。雌だ。斜面を登る途中のような姿勢で、上半身だけを樹林の間に見せていた。右前足をやや前に出し、上半身を私のほうにひねっている。私は視線を少し手前に戻して、ゆっくりまばたきをくり返し、また鹿を見た。鹿は変わらず私を凝視している。

私のまばたきまでは見えないようだ。しばらく見つめ合っていたが、鹿は少し警戒心を解いたのか、私に向けていた耳をいろいろな角度に変えはじめた。鹿は左右の耳を独立させて動かすことができる。別々角度のいろいろな音を探ることができるのだ。しばらく耳を動かして、また両耳を私のほうに向け、動きを止めた。

私の心臓の鼓動は少し落ち着いてきた。身体を動かさないように注意しながら息をゆっくり吐いて、ゆっくり吸った。

それで少し視界が開けた感じがした。混乱していた頭が落ち着きをとりもどし、鹿と自分以外の状況が認識できてきた。鹿と私の距離は約二〇メートル。少し手前に太ももほどのブナがあり、その奥に太いカラマツが二本立っている。カラマツの樹間が約一メートル。実際は前後にずれていて、もっと樹間は広いのかもしれない。ともかくその太いカラマツの向こうに鹿が立っていて上半身だけが見えている。上の斜面は少し開けたササヤブだ。鹿の下半身は重なるように生えているブナとカラマツとササヤブに隠れている。

鹿は少し目線を外し、ふたたび私を見た。そんな動作をくり返している。もしこのままの状態で撃つとしたら、鹿の姿に重なっている枝が微妙に射撃のじゃまをするかもしれない。

鹿が私の存在に気がついて、斜面を駆け下りていってしまったらすべてがパーだ。鹿が気分を変えて斜面を降りていってしまうのも、喜ばしくない。このヤブでは足音を立てないで後を追うことはできない。追い撃ちは無理だろう。逆に、警戒を解いて、そのままあと五メートルほど斜面を登ってくれれば、広い樹間に身体の側面を晒《さら》すことになり、最高の射撃目標になる。

ふたたび視線を鹿から外し、ゆっくり呼吸をくり返した。そしてまた鹿を見た。中途半端に抱えた散弾銃が重い。鹿はその場に立ち止まったまま、前を見たり、後ろを見たり、そしてまた私のほうを凝視したりをくり返している。

　鹿が私から視線を外した瞬間に、銃をゆっくり下げて、銃身を足にもたせかけ、手から力を抜いた。腕の筋肉が弛緩して、血が流れこんでいくのがわかる。

　鹿の動きが増えていた。初期警戒を解いたのだろう。最初、九割以上、私の存在を疑っていたはずだ。しかし、今はそれが七割から五割ほどまで下がっているようにみえる。「人がいたような気がしたけど?」といったところだろう。だからといって鹿があと数歩歩いてくれるとはかぎらない。やっぱり……という感じで斜面を降りてしまうかもしれない。おそらく彼らはそれほど明確な目的というものをもたずに移動しているはずだ。

　鹿を数歩あるかせ、撃つ。これが私の青写真だ。私のほうを見たまま鹿が前進するとは考えられない。歩き出せば、視線を私から外す。そのときに銃をあげることができる。

　鹿が首を伸ばして後ろを見て、また視線を私に戻した。時間の経過が遅い気がする。鹿の姿を見つけてからどのくらいの時間が経っているのだろうか。

　動きが多くなった鹿が、草を食むように、首全体を下げ、頭が一瞬ヤブに隠れた。私はすかさず、銃をあげて、銃底を肩に当て、頬を銃床につけた。前後の照準器が重なり、その先に鹿がいる。頭を上げた鹿は、ふたたび両耳をこちらに向け、じっと私のほうをうかがった。さっきまで見ていたシルエットと違うためだろう。もしくは銃をあげる動きを見られたのかもしれない。

　撃つべきか、待つべきか。

　照準器が微妙に揺れている。地面に足を投げ出して、上半身を起こし、銃を左側に向けて持ち上げていた。腹ばいであったり、膝を立てた状態で座っていたりして、銃を持つ腕を地面や足で支えられるなら、私でもかなり正確に射撃を行なうことができる。だが、手だけで銃をもっていると、どうしても揺れてしまう。鹿が出てきたのが右側だったら、身体をひねる無理な体勢になり、もっとひどいことになっていただろう。

揺れる照星（前の照準器）の赤い突起は鹿の身体に被さっている。撃つ、と決めた。当てる自信は五分五分といったところだ。

鹿の黒い目が二つ、私を見ている。銃が揺れないように注意しながら、私は右手の人差し指にゆっくり力を加えた。

当たれと願いながら、どこかで外れてもいいやと思っている。

銃声と同時に火薬の白煙が視界に立ちこめて、狙った先が見えなくなる。そしてヤブの斜面を下るように鹿の足音が離れて行った。

「はずれ？　はずれた？」

硝煙の甘い刺激臭が鼻先をかすめていく。千載一遇のチャンスを失った大きな後悔、そして、小さな安堵が頭の中を複雑に飛び交っている。やはり鹿の命を背負い込むのが怖いのだろう。

「獲物に撃ちかけて、はずしたら、かならず獲物が立っていたところを見に行け」

狩猟全般を教えてくれているタカノリさんの言葉だ。二〇メートルの距離ですら、鉄砲を当てられないふがいなさに消沈しながら、私は鹿のいたブナとカラマツの向こうに歩き出した。

歩きながら下方の沢をうかがうが、鹿の動く気配はない。あっという間に走り去ったようだ。ブナに手を掛けて、その奥に回り込むと、鹿の真新しい足跡があった。すくなくともまぼろしを見て、まぼろしに撃ちかけたのではない。

そして数歩。赤い点が目に入った。ドクリと心臓が鳴り、そのまま鼓動が強くなっていった。血だ。そしてその先一メートルのササの上に不自然な赤いものが付いていた。長さ五ミリ、幅一ミリほどのイトミミズのような物体に手をのばすと、間違いなく肉片だった。弾は当たっていたのだ。しかも肉片が飛んでいるとなると、かなりいいところに入っているかもしれない。

いそいで寝転がっていた寝屋に戻った。着込んでいた羽毛服の上下を脱ぎ、ナイフとロープとヘッドランプをポケットに入れて、靴紐を締めなおした。時計に目をやると一四時過ぎ。一三時頃に座ったので、やはり少し眠っていたようだ。日没まであと二時間と少しといったところ。よし、と気合いを入れなおす。

銃を手に、足早に鹿の足音が消えていった斜面の下へ向かった。真新しい足跡をたどっていく。もしかしてすぐそこに鹿が倒れているかもしれない。そう思うと倒木まで鹿の背中に見えてしまう。だが、見渡す斜面に血はまったく落ちていなかった。斜面は沢にぶつかって終わり、さっき自分が水を汲みに来た足跡が目についた。鹿の足跡は判別できず、血の跡も見つけられない。

昨年、半矢(手負い)にして回収できなかった鹿のことが頭をよぎった。

また今回も、鹿に弾を当てて回収できないのだろうか。弾はかすっただけだったのかもしれない。足音は元気に飛び跳ねていくようだったが……。

沢の底から斜面を見上げた。どこかに鹿が倒れていないだろうか。探す当てはなく、また斜面を登りなおした。私が新しい足跡だと思って追ったのは、鹿が登った足跡だったのかもしれない。デルス・ウザーラは足跡を見れば、その主の正体はもちろん、大きさ・重さから、何を考えて何をしているところだったかまでわかったという。私は登りの足跡と、下りの足跡さえ完全に判断できない。

頭のなかでデルスのことを思い出したり、村の猟友についさっきまでの体験を話す自分の姿を思い浮かべたりしていた。鹿を手負いにしたが回収できなかったと報告しても、作物を荒らす鹿が減ったことを喜んでくれるだろう。だが、そんなことを考えること自体が弱気になっている証拠だった。

自分が撃った鉄砲の弾が鹿に当たったかどうかさえ、私にはわからなかった。射撃に精通してくると、鉄砲であっても弾が目標物に当たった手応えのようなものを感じるという。あるテレビ番組でつぎからつぎへと的を射る弓道の達人にインタビュアーが「何で当たるんですか」と聞いたら、「射る前から当たっているから、はずしようがない」と答えていた。達人にとって、撃つ→当たるというのは、順次起こることではなく、一体化されたイメージなのだ。撃つ前の構えが決まれば、当たることが多い、というぐらいは私にもわかる。だが、私の射撃は衝撃によって発射前と発射後が完全に分断されている。今回もそうだ。その結果が、少しの血は見たが、鹿には逃げられてしまったというものなのだ。

気がつくと手負いにした鹿とは別のことに思考を巡らせ、あきらめる理由を考えている。そんな自分を叱咤した。今は鹿を追うんだ。

もう一度、鹿がいたところに立ってみた。鹿になったつもりで、そこから私が座っていたところを見た。さして離れているわけではない。二〇メートルといったところだ。そして撃たれてみた。最初に見た血を探し、そこに行く。そして、弾道を考えて、他にも血痕を探してみた。弾道に沿って歩いていくと地面に真新しい足跡のようなものが見えた。

「ん！」とそこに近寄ってみる。それはまちがいなく足跡で、走り去ったように乱れていた。そして、そこからすこし離れた先に大きな血痕が残っていた。

下じゃない？　横？

足音のイメージから下に行ったとばかり思っていた。それこそが私の勝手な思いこみだったらしい。よく見ると、跳ぶように走った間隔の広い足跡が薄いササヤブの中につづいていた。血痕もいくらか確認できる。

——私にも足跡が見える。

まだあきらめてはいけない。もはや私だけの問題ではないのだ。

一つ大きく呼吸をしてから、血痕と足跡を探りはじめた。すぐに大きな血だまりがあった。足跡はまっすぐ横につづいている。ややササヤブが密になり、足跡が見にくくなった。ケモノ道が交差するところを降りた。だが、真新しい足跡も血痕もなくなってしまった。時間をかけてササヤブに目を凝《こ》らすが、赤い点はみつからない。まだ、追いはじめて三〇メートルほどしか歩いていない。最後に血を確認したところに戻った。そこに立って周りをよく見る。あった。血は真横につづいていた。

そのまま血をたどる。手負いの鹿は細いケモノ道をつかって、すこしずつ斜面を下りていた。やや顕著なケモノ道と交差するところで、私はまた血痕を失った。さっきの位置から二〇メートルほどしか進んでいない。トータル五〇メートルだ。最後に血痕を見たところに戻ろうとするが、私の足跡が地面やササヤブを荒らしてしまっている。こんなとき、犬がいたら追ってくれるのだろう。焦りが湧いてきたところで、小さな赤い点が目に入った。もう一度そこから追跡のやりなおしだ。

確認できた最後の血痕を足の間に挟むように立ち、背伸びをしたり、左右に大きく体を振ってみたりして、つぎの血痕を探す。すぐには目に入らない。斜め上にうす茶色のササがあり、近づいてみると、乾きかけた血痕だった。

下ばかり探していたので見つけるのに手間取った。最初の足音が下に向かうように聞こえたのがまだ頭にあるようだ。

真横に向かう足跡を、追いつづけた。撃ってから、どのくらいの時間が経っただろうか。血痕は乾きはじめている。

血痕が第一の目印だ。血が見えなくなったら、足跡を探してみる。最後の血痕の位置を確認して、足跡と思われるほうに進み、血痕を探す。振り返ってもう一度、最後の血痕の位置を確認する。そしてまた探す。新たな血痕を見つけたら、そこがつぎの基準点になり、同じ作業をくり返す。一分で一〇メートルも進めない。ときには混乱し、もっと歩みの遅いこともある。しかし、少しずつ追跡のシステムができあがってきた。

激しい出血の跡が目に入った。これで三度目だ。二度目と三度目の間隔は、一度目と二度目の間隔よりせばまっている。激しい出血は、そこで立ち止まるか、座るかして休んだためだろう。間隔がせばまっているのは、弱ってきているからと考えていいはずだ。

足跡と血痕は多少上下しながら、斜面を横切るようにつづいていた。さっきは乾いていた血痕が、乾ききらずに輝いている。ササの上に残った血滴に手をやると、すっと伸びた。

斜面が尾根に近づき、傾斜を失っていった。ケモノ道が顕著になり、そのうえにつづく足跡がはっきり見える。重なるように血が垂れている。足早に追跡した。このケモノ道はこの先で尾根につけられた太いケモノ道に合流する。太いケモノ道は私が移動するときに使っているものだ。その先で道がどう分かれるかも多少は知っている。自分が知っている場所というだけで、すこし元気づけられた気がした。これまでなら五分はかかった距離を、十数秒で進むことができた、そのときだった。

バサッ、バサッ、バサッと鹿がササヤブを跳ねる音が斜め下から聞こえてきた。

足跡はまだ真横につづいている。別の鹿だろうか。いや、状況からそれは考えにくい。休んでいた手負いの鹿が、私の足音に気がついて動いたと考えるのが自然だろう。

音のほうに駆け下ってしまいたいという衝動が一瞬頭をかすめた。音の感じから三〇メートくらいのところにいる。逃げたぶんを勘定しても五〇メートルぐらいだろうか。

目の前の血痕は多少とぎれることがあっても追えないほどではない。音の主が別の鹿だという可能性もゼロではない。血を追えば追いつける。目の前のケモノ道についた足跡をえらんだ。

尾根上の太いケモノ道までもうすぐというところで、また、足跡と血痕を見失った。なじみの道に出たいという先入観があったようだ。少し戻ると、ケモノ道をそれるように下に跳んでいる足跡が目に入った。二、三歩下ってみると血痕も足跡を追っている。ササヤブから聞こえた音と方向も合致する。鹿は近い。

鹿の足跡は背丈ほどもあるササヤブの中につづいていた。密生したヤブなので、ケモノ道も限られている。かき分けるようにヤブに入った。すこし下ると、小さな広場があり、そこにまた血だまりがあった。

さっきはここで休んでいて、逃げたのだろうか？

そしてまた下から、バサ、バサ、バサという音が聞こえてきた。

近い。

密ヤブのなかのケモノ道を駆け下りた。鹿が動く音は聞こえない。鹿を脅して動かす目的で、音が出るように大きな動きでさらに数歩おりた。鹿の音はない。気がつくと、血痕も足跡もなくなっていた。

「うわー」と大声を上げてみた。鹿が動く気配はない。

もし、この深いヤブの中で鹿が何も音を出さずにうずくまっていたら、鹿の歩いたあとを正確にたどらないかぎり、見つけることは不可能だ。息絶えていても同じである。いい気になってくだりすぎた。どこまで自分が血痕を確認していたかわからなくなってしまった。

上を見て、下を見た。鹿の近くまで来ているかもしれないが、戻るしかない。きびすを返してヤブを登った。自分の足跡をたどり、足下に血痕を探す。少し登って血痕を見つけることができた。

ほっと一息つく。かなり近くまで迫っている。焦る必要はないのだ。

体をかがめてヤブの下をのぞき込み、踏み跡をたどった。横に走るケモノ道と交差するところで、鹿の足跡と血痕は少し横に移動し、隣のケモノ道をまた下っていた。さっきは、ここでまっすぐ降りたので、跡を失ったのだ。

血痕はつづく。まったく乾いていない血だ。

ササヤブの先が明るくなり、沢の細い流れが見えた。水が濁っている。流れを渡ったか？　銃を構えて、対岸の斜面をうかがった。動くものも、音もない。数歩下るとヤブが開けて沢が見え、大きな物体が目に飛び込んできた。流れのなかの小さな水たまりに大きな雌鹿がしゃがみ込んでいた。

鹿はヒトや馬のような汗腺をもっていない。それゆえ汗をかくことがなく、急激な運動をして体温が上がると、水に入って体を冷やすという。犬に追われた鹿が沢につかるということを、猟友に聞いたことがある。長くケモノを追った犬が、沢筋から動かないで鳴いていたとき、「鹿が水につかって動かないんだな」と言っていた。そのときは、そんなことあるのか？と半信半疑だったが、今、目の前で、そのとおりのことが起こっていた。

鹿は体をむこう側に向け、首を後ろに回して、私を見上げていた。私との距離は一〇メートルほど。目に見える部分に外傷はなかった。私は銃を構え、鹿の首元に狙いを定めた。黒く潤んだ大きな二つの瞳が私を見つめていた。

必死で追っていたケモノに追いついた。だが、達成感のようなものは感じなかった。それよりも、これから自分が行なわなくてはならない行為にかすかな忌避《きひ》感が湧いていた。だが、いまさらすべてをなかったことにすることはできない。

銃を下ろし「もう動けませんか」と鹿に話しかけた。自分の声が場違いに感じた。聞こえたはずだが、身動きひとつせず、鹿はじっと私を見ていた。

できれば、これ以上銃を使いたくなかった。これ以上、鹿を破壊せずに、終わらせたかった。もう動けないなら、鉄砲の破壊力に頼るのではなく、命を奪う実感が手元に残る方法を取るべきだ。そのほうが彼女の命を背負って生きていける。

一歩、二歩と鹿に向かって斜面を下った。鹿は、小さな希望を振り払うかのように首を一振りして、ザッ、と小さな水たまりから立ち上がった。そして、不器用に向こう側の斜面を登りはじめた。右の前足に力が入っていない、というより、右前足は不自然にぶらぶらと揺れていた。

私は下げていた銃口をあげ、向こう岸の斜面を下流に向かおうとする鹿に向けた。狙いを背中から、軽く前方に移動させて、引き金を引いた。今度は轟音が耳に入ってきた。

鹿がごろりと膝から沢の流れに崩れ落ちた。

銃声は尾を引かずに谷間に消えた。一瞬、沢の水が濁り、そして、ゆっくり赤く染まっていった。さっきまで意思を示していた首がぐにゃりと曲がって、身体の下敷きになっている。ものすごく不自然な姿勢で、鹿は水につかっていた。

右前足の付け根を破壊されても、五〇〇メートル以上を逃げてきた鹿が、一発の弾丸でここまで見事に事切れてしまうことが少し意外だった。バイタルエリアを破壊されたというよりは、気持ちを折られたという感じに見えた。「操り人形の糸が切られるように」という形容があるが、まさにそんな感じで、鹿は私の目の前で沢のなかに崩れ落ちた。

解体

足早に沢底に下り、鹿に近づいていった。仕留めた獲物に近づいていくときというのは、いつだって、居心地のわるい感じがする。野生動物と人間の距離感を越えていかなければならないからだろう。身体の下敷きになって不自然に曲がり、水につかっている鹿の顔を斜面に乗せた。撃ち殺しておきながら、そんななぐさめにならないことをしてしまう。

みるみる間に、鹿の目が光を失っていくようで、あわててポケットのナイフを探り、鹿の顎を持ち上げて頸動脈を切った。心臓が少しでも動いていれば、血抜きになるはずだ。

鹿の身体を動かして銃創を調べた。弾の出入口によって、解体の手順が少し変わる。やはり初弾は右前足の付け根を破壊していた。次弾の止め矢は左肩胛骨の後ろから肺に入って抜けている。「肉」を考えるなら理想的な銃創だと言っていい。

少し引きずってみようと、力を入れたが、簡単に動かせる重さではなかった。五〇キロぐらいだろうか。単独猟ではじめての獲物になる大きな哺乳類が自分の足下に転がっているという状況にまだうまくなじめないが、やるべきことはやらなくてはならない。

それぞれの後ろ足を、近くの木に縛りつけ、足を開いたまま固定し、腹にナイフを入れた。山で解体するなら、内臓は早く出すに越したことはない。

ひとりで丸のままの鹿を街まで下ろすとなると、大変な労働だ。二〇キロのセメント袋二つ半を山奥の谷間から街に下ろすのと同じである。今回は内臓と身体の一部を山に埋めさせてもらうことにする。

胃腸を切ってしまわないように注意しながら、腹の真ん中にナイフを入れていく。消化器官の内容物を肉に付けてしまうのは、解体における大きなミスだ。

肛門に「糞止め」を詰めておくのを忘れていた。あたりの落ち葉をたっぷり集めて、肛門に詰め込み、肛門の周りの皮に切れ目を入れておく。こうしておけば、腸を引っ張ればすべてをうまく抜くことができる。

初冬の雌鹿は内臓の周りに脂を貯めていた。アミとか腹のアミ脂などと猟師が呼んでいる部分だ。煮物に使うと旨い脂である。赤とピンクとクリーム色のモザイク模様の内臓から、むっとする生ぐさい湯気が立ち上ってくる。手を入れると、温かいを通り越して熱い。哺乳類を殺したという事実が、五感を通して、のしかかってくる。

腹が開いたら、今度は胸の前の皮を少しはぐ。手にもっているのは小さな包丁だ。意識して貧弱な果物ナイフを選んだわけではない。肉厚なハンティングナイフのほうが解体はやりやすい。シーズン初日だったので、夏の渓流釣りで使っている小さな包丁しか、小道具袋に入ってなかった。簡単に言えば忘れたわけだが、研いであれば、ごついナイフだろうが、包丁だろうが、大きな違いはない。

胸骨とアバラの間に刃を当てて包丁の背をトントントンと叩いていくと、胸が開いていく。包丁の刃は薄いが、捻らなければ刃は欠けない。骨の継ぎ目にうまく刃を入れてやれば、小さなナイフでも骨をばらすことができる。

ケモノの解体というものを体験したことがないと、特殊技能と知識が必要だと思うかもしれない。だが、皮をむいて、内臓を出し、四肢をバラすだけなら、とくに難しいことではない。一本の魚を買ってきて、おいしい刺身を作るほうがよっぽどむずかしい。もちろんケモノの解体も、はやく美しくやるには、それなりの熟練が必要だ。解体の手つきに猟師としての力量はにじみ出る。

私の手にある小さな包丁が不器用ながらも、悩むことなく動いていくのは、世話になっている猟仲間のおかげである。ときに優しく、ときに罵声を浴びせられながら、解体の仕方を教えてもらったからだ。猟期になれば山村の狩猟集団は毎週のようにケモノを仕留める。まるまる二シーズンも通っていれば、解体も少しはうまくなる。

さっき血抜きのために切り開いた首の切り口を広げて、頭を外す。ここでも、軟骨をうまく切れば、苦労なく頭を切り離すことができる。

肺の奥に手を突っ込んで、気管ごと引き抜くと、肺と内臓をまとめて取り出すことができる。腹膜がじゃまをするが、雌鹿なら力任せに引っ張れば、ちぎれるので問題はない。ここでも体温の残りが生々しい。内臓を取り出したら、心臓を覆う心膜をよけて、心臓を切り取る。心臓がその機能を停止してから一〇分と経っていない。硬直前の心臓は、食べ慣れたハツとは違って、ふにゃふにゃしている。大動脈を下にして、揉んでやるとなかに溜まっていた血がどろりと出てきた。

K村の狩猟集団には、獲物の心臓に三つの切れ目を入れて、山の神に捧げるという儀式がある。

逆にいうと、形として残っている儀式はこのくらいしかない（こまかいゲン担ぎはいくつかある）。単独猟だったが、小さな切れ目を入れて、苔むした岩の上に心臓をのせた。

猟師やマタギというと、シカリ（頭領）に統率され、さまざまな儀式や決めごとのなかで行動する特殊な集団というイメージがあるかもしれない。ときにそれが神格化されたり、精神世界的なものと繋げられたりする。

私にはそういう気持ちはほとんどない。否定する気もない。儀式や特殊な言葉などは、精神統一や情報漏洩の防止、事故の予防など何らかの実用的な意味があって守られてきたものだと思う。感情は物事の成否を左右する重要な要素である。霊とか神などという概念は、その「気持ちの問題」をサポートするため、もしくはよい意味で気持ちを「欺く」ために人が考えだしたものだ。信じるのは自由だし、プラス面もあるのだろう。ただ私に信じるつもりがないだけである。食べるために殺すという行為を霊とか神などという概念で包み込んで、神聖化し、誤魔化してしまうのは、食べられる側に対して失礼なのではないかと思うからだ。腹が減ったから食べる、生きるために殺す。飾り立てる必要はない。真実がなによりも美しく、すがすがしい。

内臓がからになって、頭が外された鹿はいくらか軽くなった。少し引きずって台地にあげ、後ろ足に付いたままのロープで木に吊す。仕留めたら一五分以内に内臓を出し、温度の低いところに長時間吊す。これが今のところ、肉をおいしく回収する実用的な方法だ。

内臓が空になった鹿を吊したまま、渓を詰め上がった。

待ち伏せに使った鹿の寝屋にもどって、荷物を回収し、また鹿を解体したところに戻る。

平らなところを寝床に決めて、焚き火の場所も確定し、軽く薪を集めて、焚き付けに火を付けた。焚き付けの上に薪を積み重ねてから、解体現場を片づけて、寝床を整え、夜を迎える準備を進める。そうしている間に、焚き火は大きくなり、さらに薪を加えて、その上にお茶のナベをのせる。日は暮れかかっているので、米のナベも焚き火にのせてしまう。今夜は夜通しの焚き火はなしだ。いまから一晩ぶんの薪を集めるのは無理がある。

銃弾が貫通して、ぶらぶらになっている右の前足を鹿から切り離した。焚き火とヘッドランプの光で観察すると、人でいう上腕骨が粉々になっていた。主要な骨に弾が当たれば、その振動は脳を揺らし、獲物は倒れるものだと私は思いこんでいた。どうやら鹿はバイタルエリアか頭か脊椎に弾を入れなければ、倒れないようだ。鹿の撃たれ強さに関して、考え方をあらためる必要がある。

心臓を薄切りにして、醤油につけて口に運ぶ。思いのほか鹿臭い。肉は手頃なところから切り取って塩コショウして焚き火にのせていく。どちらにせよそんなにたくさん食べられるものではない。調理環境の整ったところで、鹿刺をつくり、薬味の種類がたくさんあったとしても、がんばって一キロ食べられるかどうかというところだ。

日が完全に沈み、シュラフに入って、焚き火を眺めた。

たったひとりで猟を行ない、ひとりで解体して、ひとりで下ろす。それは私の夢のひとつだった。だが、正直なところ自分の力で大きな哺乳類を仕留める瞬間がほんとうにやって来るのか、狩猟をはじめてからずっと不安だった。

吊された鹿に視線を移す。焚き火に照らされた鹿は感慨にふけるには怖ろしげな姿で、漆黒の闇に浮かんでいた。

成果にはあきらかに肯定的な感情が付随する。それは、喜びというよりは、「ここまで来たんだ」という感覚、簡単に言えば達成感のようなものだ。結果は、なにかをやりつづけ、いくらかの深みに到達していることを目に見せて証明してくれるのだ。

ハンターにとってそれは獲物になる。獲物こそが自分の能力と自然との関わりを証明してくれる証拠なのだ。

ハンターは獲物を「愛している」なんて言うことがある。結果を肯定するという意味で、猟師が獲物に好意を抱いているというのはわからなくもない。だが「愛」といういいぐさに偽善的なにおいを感じるのは私だけではないだろう。「愛しているものを銃で殺す」というのは矛盾している。狩られる側ならともかく、狩る側がそれを言って、誤解するなというほうが無理だ。狩猟の場合、自分を高め、深みに導いてくれるライバルは、いつだって殺すべき獲物であり、二者の邂逅《かいこう》は一方が逃亡を一方が死を強く求めるためにつねにつかのまで終わってしまう。これを愛というのはむずかしい。


寒い夜を過ごして、朝を迎えた。薄暗いうちから、冷たくなった鹿の皮をはぎ、四肢をバラしていく。内臓の一部と、打ち砕かれた右足、首周り、背骨と骨盤は山に残していくことにし、三本の足と背ロース付きの両あばらと頭をザックに入れた。

残していく骨などを埋めて、ザックを背負い、右前足を手にもった。ザックはかなり重い。装備と肉をあわせたら四〇キロぐらいはありそうだ。右前足は少し歩いたら捨てるつもりだ。残滓《ざんし》はどうせ野生動物が掘り返す。ひとかたまりにしないで、山にばらまいたほうが多くのケモノに鹿の肉が渡ることになる。

街に帰ってから、世話になっている山村に電話した。単独猟で鹿を仕留めて、帰宅したので、週末の巻き狩りには参加できそうにない、と伝えるためだ。ひとりでうろうろしていて、鹿を撃つチャンスを得るというのは、それほど珍しいことではない。だが、鹿狙いで単独入山し、鹿を仕留めて、解体して、下ろして、電車で家に帰るとなると、村の猟師仲間もほとんど聞いたことがないはずだ。私は、仲間が驚くだろうと予想していた。どこかで褒められたいと思っていた。

「え？　ひとりでトメたの？　すごいなあ」と電話口の仲間はいった。そしてこうつづいた。「そんなことより、こっちはカズヒロがイノシシをトメたぞ。三〇貫はあるな。イヤー、でかいもんだったぞ」

村でも初日に猟を行なったらしい。私の鹿なんか色あせるような、大きなイノシシを仕留めて、狩猟チームは浮かれているようだ。

第四章　猟銃

ホモ＝サピエンスを二足歩行し、ものを投げ、火を操る動物と定義する。
――アルフレッド・W・クロスビー『飛び道具の人類史』

日本では鉄砲のことを説明しようとすると長くなる。日常生活に鉄砲が存在しないので銃器に関する基本的な知識の共有がないからだ。

私の鉄砲は「ブローニング・A－ボルト」という口径が十二番の散弾銃である。「ブローニング」とはアメリカの大手銃器のメーカー名だ。歴史上もっとも優れた銃器設計者と評価されるジョン・ブローニングのファミリーネームからとられている。後半の「A－ボルト」が銃の名前になる。

現在はいろいろなシステムの銃器が世界には存在する。狩猟に使うライフル・散弾銃も大きく四つのタイプにわけることができる。中折れ式、自動式、リピーター式（ポンプ式）、そしてボルト式だ。

中折れ銃とは、言葉のとおり銃が真ん中から折れる銃である。銃身と機関部の間が折れることによって開閉され、銃身に弾を込めて、銃を閉じ発射する。通常、二つの銃身が横か縦に並び、連続して二発の弾を発射することができる。

自動銃とは弾を発射する火薬燃焼ガスを、次弾を薬室に送り込むエネルギーにも利用する銃のことだ。銃の歴史のなかでは最も新しいタイプ（といっても一〇〇年以上）の銃で、構造もそのぶん複雑になっている。

リピーター式（ポンプ式、スライド式ともよばれる）とは銃身の下にある取っ手を前後させて弾の排莢と装塡をする銃である。アメリカ映画の刑事物などでもおなじみで、ショットガン（散弾銃）といえばリピーター式を想像する人が多いとおもう。

私の使っているA－ボルトはボルト式だ。一発撃つごとに銃の後方に付いた遊底（ボルト）をがちゃがちゃ前後させて、次弾を薬室に送り込むタイプである。狙撃用のライフルを想像するとき頭に思い浮かべる形式だと思う。このシステムの歴史は約二〇〇年前まで溯る。二〇世紀初頭の第一次世界大戦時点でシステムが完成されていながら、現在でも使用されている。安全性や操作性、作動の確実性、弾道の安定性など、弾を必要なときに正しく飛ばす機能をすべて備え、信頼性が高い。構造的にもデザイン的にも格好良い。

ただ、自動で弾を装塡してくれる銃のほうが動く的を射撃する点では優れている。撃ちそこなった鹿が逃げていくのに、つぎの弾を装塡しなくてはならないのは時間の無駄、チャンスの喪失である。

それでも私は、銃を購入する前から、自分の使う銃は中折れ銃かボルト銃にしようと決めていた。引き金を引けばつぎからつぎへと弾が出てくる銃は、ケモノに対してちょっと申し訳ないような気がしたからである。

所持許可

どうすれば猟銃を所持できるのか、知っている人は少ないはずだ。犯罪歴がなく、健康な成人ならば、講習を受けて筆記試験に合格し、扱い方の教習を受ければ、鉄砲を所持することができる。教習後にも実射の試験があるが、筆記試験も実射試験もそれほど難しくはない。だが、申請にまつわるさまざまな手続きはかなり煩わしい。

国民の銃砲類所持を管理しているのは都道府県の公安委員会である。できるだけ銃の所持者が増えないように、所持許可は面倒くさくわかりにくくされているようだ。理由は簡単、鉄砲は武器であり、犯罪に使われるとやっかいだからだ。少なくとも公安委員会が、多くの人に銃の取得を勧めることはない。

銃を所持するためには、まず銃刀法に基づく「銃の所持許可」を取得する必要がある。所持許可への道はまず、猟銃等講習会からはじまる。各県で月に一～二回開催されている一日の講習（筆記試験付き）だ。地域の公安委員会（警察署が代行）で申し込み、印鑑と写真、そして、七〇〇〇円近くの費用が必要になる。講習の最後に行なわれる四択式の筆記試験で七割以上の正解率だと講習修了証書を手にできる。

車の免許でいう筆記試験が講習会だとしたら、路上試験が射撃教習である。まず、警察署に出頭して射撃教習受講申請をおこない、教習資格認定書取得許可を得なくてはならない。仮に銃を扱うための許可だが、複数の書類が必要になる。まず講習修了証書、そして住民票、戸籍抄本、さらには精神的な問題や薬物中毒ではないことを証明する医師の診断書など。私の場合は週に何度か会社の診療所に来ている医者に「私はおかしくないですよね」と聞いて診断書を書いてもらった。開業医などで頼むと三〇〇〇円から八〇〇〇円ほどかかるようだ。

教習受講申請から許可が出るまでは約ひと月かかる。許可が出たら、鉄砲店か射撃場に受講の申し込みを行なう。教習の費用は教習費と弾代と銃のレンタル代などで三万円ほど。射撃場に出むき、実銃を使用して扱い方の教習を受け、射撃を練習する。練習のあと、クレー射撃の試験があり、二十五枚中二から三枚以上に命中したら合格となる。これで射撃教習終了証明書取得。

以上で試験で手に入れなくてはならないふたつの書類が揃うことになる。日本の法律では、「所持者」と「所持する銃」のふたつがセットになって所持許可が出される。「この人はこの銃を持つことができる」という許可であり、たとえば猟場で、仲間と銃をとりかえっこしたり、射撃場で友人の銃を試し打ちしたりすることはできない。

そのため、銃の所持許可を申請するためには自分の銃を決める必要がある。最初に所持できる火薬銃は散弾銃のみである。ライフル銃は殺傷能力が高いので、散弾銃を一〇年間きちんと所持・使用した実績と必要性がなければ、所持することはできない。

銃を持とうと決めてから教習が終了するまで、どんなに急いでも二カ月以上はかかってしまう。そのあいだに購入したい銃のめどは立っているはずだ。私の場合は、安く買うために実銃のオークションを利用した。銃砲店によってはインターネット上で中古銃のオークションを行なっている。

たまたま所持許可取得活動中に私が購入候補にあげていたブローニングA‐ボルトがオークションに出たので、落札した。銃砲店に事情を話せば、許可取得まで保管してもらえる。ちなみに銃の値段は安い中古銃で五万円ほど、コレクション的な銃になると彫刻が施されたり、貴金属や宝石で飾られたりして値段も芸術品並みになる。そういったフリルを考えず、最高の職人が最高の素材で手作りしたとして実費の上限は五〇〇万円くらいだろう。私のA‐ボルトは中古で一二万円だった。

銃を決めたら、銃砲店に買うと宣言して、多少の手付け金を払い、銃砲譲渡承諾書を制作してもらう。申請にはこの書類に加えてふたつの試験で手に入れた講習終了証明書と射撃教習終了証明書の写し、そして銃砲所持許可申請書、同居親族同意書、経歴書、戸籍抄本、住民票、保管状況報告書、診断書、顔写真、さらには費用として九〇〇〇円分の収入証紙が必要になる。

経歴書とは履歴書みたいなもので、犯罪者ではないか、住所不定になったことなどがないかなど、まともな人間であることを自己申告するものだ。銃は厚さ一ミリ以上の金属板でつくられ、カンヌキ型の鍵がついたロッカーに保管しなくてはならない。保管状況報告書とはきちんと保管ロッカーが設置されているかを確認するためのものである。

同居親族同意書は読んで字のごとくだが、これがうまくいかない人はけっこう多いようだ。私の場合も妻に「サインするのやめようかなあ」と脅された。「家に鉄砲があるのこわいから」と。

人とは自由であるべきだと思っている。私のやりたいことはたとえ連れ合いといえども（感情的な理由で）禁止するべきではない。それまでいろいろと煩雑な手続きを行なってやっと所持許可申請までこぎつけたのも見ていたはずだ。それなのに銃の所持を否定されたのはショックだった。というわけで私は翌日、妻と離婚した……というのは冗談だが、同居者は時間をかけて説得する必要がある。男のロマン（なんてものがあるなら、それ）は女性にとってそれほどわかりやすいものではないようだ。

書類がすべて揃っていれば、審査に入る。傷害などの犯罪歴がなく、社会的に危険とされる団体に所属したりしていなければ、審査に引っかかることなく、ひと月ほどで所持許可証が交付される。これで終わりではない。今度は所持許可証を銃砲店に提示し、予約銃を最終的に購入する。私の場合は、オークションで購入し、保管してもらっていたので、所持許可証を郵送して、銃と一緒に送り返してもらった。銃身と機関部を別便にわけければ、銃を郵送することは違法ではない。

そして銃を手にしたら、その銃を持ってもう一度警察に行く。許可された銃と実際の銃が同一かを確認して、ようやく一通りの手続きが終了となる。

ここまで必死にやって三カ月、銃の値段も含めて費用も二〇万円近くかかっているはずだ。狩猟をするなら、所持許可に平行して狩猟免許も取らなくてはならない。

今お世話になっている狩猟グループの世話役・マスオさんと知り合ったのは、二〇〇五年の六月だった。狩猟期間の開始は一一月一五日。七月の猟銃等所持の初心者講習会を受けたのを皮切りに、すべてが終わり、銃を手にして、弾を購入したのは一一月一〇日だった。私は一回も撃ったことがない銃を持って、一一月一五日の解禁日にK村に行き、言われるがままにタツマに入った。そして「ケモノよ、どうか私のところにはこないでくれ」と祈っていた。その祈りが通じすぎたのだろう、私のタツマにケモノがあらわれるまで一年三ヵ月もかかることになる。

狩猟免許には医者の診断書などはいらない。安全に狩猟行為を行なえる身体能力があれば（簡単な身体測定あり）、勉強して受けて受かるだけ。ただ、筆記試験はけっこう難しく、私が受けたときは半分近くの受験者が不合格になっていた。猟友会が主催する講習会に出ておいたほうがいいようだ。狩猟免許の試験には銃の扱い方の試験もある。銃を所持していないものが、銃の扱いを覚えるには、講習会が有効なうえに、試験のポイントも教えてくれる。

狩猟と肉

銃と狩猟の二つの免許がそろったうえで、狩猟登録をして初めて狩猟をおこなうことができる。狩猟期間は一一月一五日から翌年の二月一五日（地域により多少違う）に定められていて、シーズンごとに登録が必要だ。登録したらどこでも狩猟ができるというわけではない。狩猟登録は県知事の許可で行なわれ、登録した県内でしか狩猟活動は行なえない。登録した県内のうち、市街地や自然保護地区、休猟区などを除いた一部の地域が狩猟可能範囲になる。

私は神奈川県の横浜市に住んでいるが、登録しているのは山梨県だ。登録には狩猟税・保険などで三万円強の費用が必要になる。複数県登録しようとしたら、一都道府県増えるごとに約二万円の登録料が加算される。

三万円の狩猟登録料が高いか安いかは微妙なところだ。アメリカのある州では鹿を一頭仕留めるごとに税金を一二〇〇ドル払わなくてはならないと聞いた。アメリカでは狩猟はキングオブスポーツといわれ、かなりメジャーな趣味のひとつらしい。日本でも鷹狩りなど上級武士のたしなみ（趣味）だった猟もあるが、普通に猟師といえばもっぱら生活に根付き、必要に迫られて行なわれていたものである。

どちらにせよ、登録費用に加えて、弾代に約一万円、交通費その他の経費などを加算していくとひとシーズンで少なくとも一〇万円弱の費用がかかることになる。豚肉を一〇〇グラム三〇〇円とすれば三〇キロ強の、一〇〇グラム一〇〇円とすれば一〇〇キロ近くの肉を毎年の狩猟経費で買うことができるわけだ。ひとりの日本人の年間平均食肉消費量は四〇キロ強だという。一日になおすと一〇〇グラム。運良く大物のイノシシを一人で仕留めることができれば、数十キロの肉が手にはいり、元は取れる計算になるが、大イノシシを毎年一人で仕留めるというのは狩猟者としてかなりのレベルが必要だ。犬や罠などの特殊装備はもちろん、猟場に密着した地域性、ケモノを追って山を走ったり、仕留めた獲物を下ろして解体し、食肉に仕上げる労力もいる。すべてを考えあわせて、肉を得ることだけを考えるなら、もちろん経費分の肉を買ったほうが効率的だ。

装弾

「鹿やイノシシも散弾で撃つの？」と聞かれることが多い。散弾銃とは名前のとおり散弾を発射する銃だと認識しているためだろう。散弾銃の装弾《そうだん》はおおよそ三〇種類あり、一回の射撃で飛び出す弾の数はその装弾の種類によって一粒から二〇〇〇粒までさまざまである。たとえば、クレー射撃

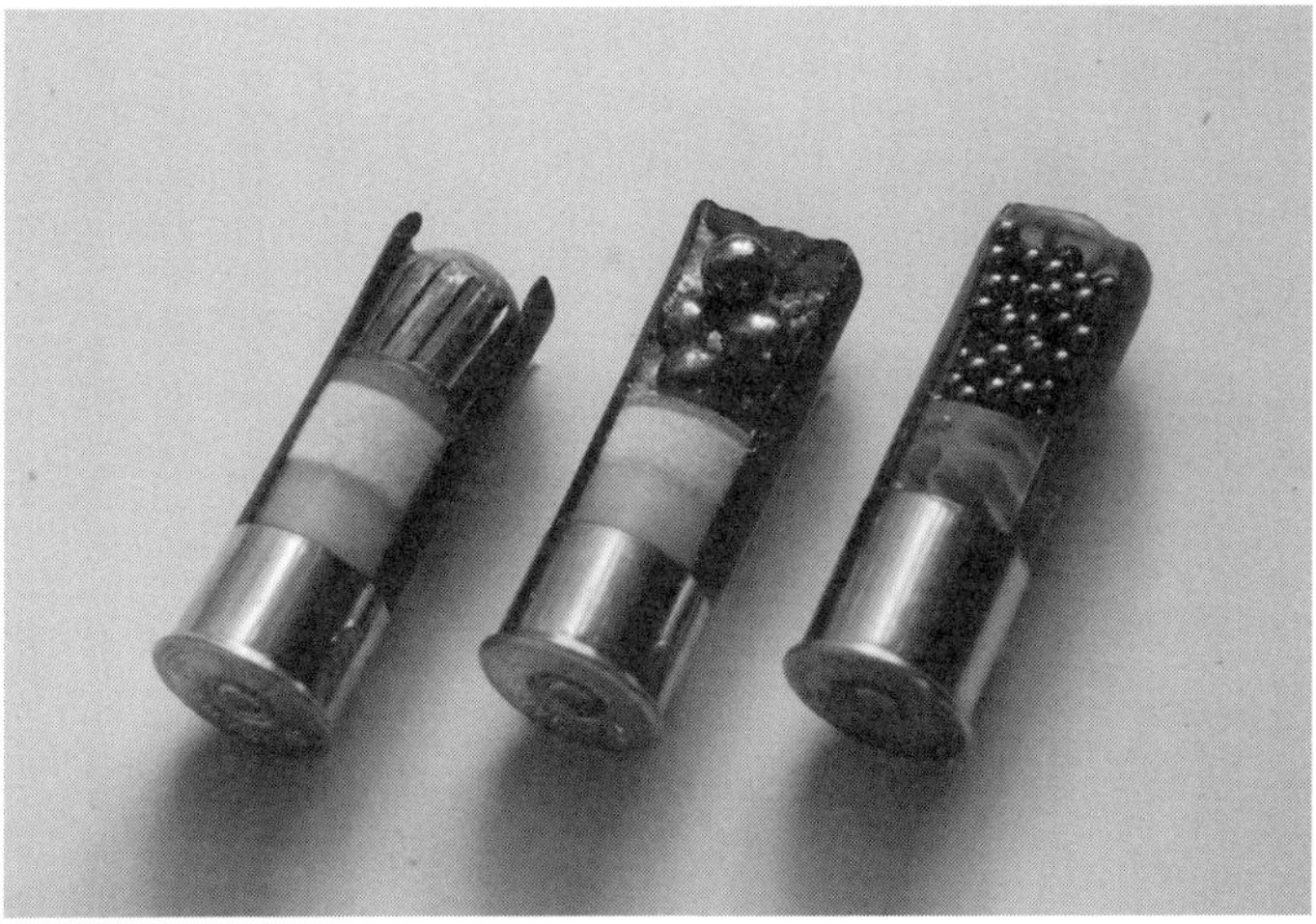

左から一粒（スラッグ弾）、九粒（バックショット）、鳥弾（7号）

（飛ばした皿を射撃するスポーツ）では七号という装弾を使用する。一発の七号には二・五ミリの散弾が二五〇粒ほど入っている。バックショット（俗称・九粒《きゅうりゅう》）という鹿用の弾には直径約八ミリの散弾が九粒入っている。いちばん大きな弾は一粒《いちりゅう》（スラッグ弾）と呼ばれ、名前のとおり一発の弾になる（弾の直径は約一八ミリ）。

ライフル銃は決まった口径の弾しか発射できないが、散弾銃はひとつの銃からいろいろな弾を発射できる。銃が一丁あれば、装弾の種類をかえることで、小鳥から鳩、キジ、ウサギ、キツネ、鹿、イノシシ、熊とさまざまな獲物を狙うことができるわけだ。そのためライフル所持の資格を持つ狩猟者でも、散弾銃を愛用している人は多い。

散弾銃の口径は一二番とか二〇番と番数で表される。番数がそのまま口径ではなく、一二番が約一八・五ミリ、二〇番が約一六ミリ。この二種類が射撃用・狩猟用を問わず一般的に使われている。私のA－ボルトは一二番なので一二番用の弾を使う。弾を購入するのにも、公安委員会への申請と申請料が必要だ。狩猟登録をおこなうと、狩猟に必要な装弾の購入許可が猟友会から発行される。所持許可を受けている者しか、装弾は購入できない。

弾の値段もさまざまで、競技に使う七号弾は一発あたり三〇から四〇円、狩猟に使う一粒は一発二〇〇円前後、やや特殊な弾には一発五〇〇円以上するものもある。

A－ボルトは一粒の弾道を安定させる特殊加工が施された大物獣専門の銃である。そのため、私が撃つのはもっぱら一粒である。

危険と恐怖

銃を持っていると聞くだけで、顔をしかめて「こわい」と口にする人がいる。そんなとき私は決まって「人を殺すだけなら、フライパンでもできるよ」と反論している。「銃が人を殺すのではなく、人が人を殺すのだ」という台詞は、銃の存在を肯定しようとする人がよく口にする常套句である。銃が危険でこわいのではなく、人が危険でこわいということだろう。だが、ほんとうのところは、銃が危険でこわいのだ。指に少し力を加えただけで、重金属の小さな塊が目に見えない速度で飛んでいくのである。さほど熟練しなくてもスコープがあれば、散弾銃のサボット弾なら五〇メートル離れたソフトボールに当てられるし、ライフルなら一〇〇メートル離れた五〇〇円玉に当てられる。生物の破壊強度をはるかに超えたその弾が、肉体のどこかに触れれば、その部分ははじけ飛んでしまう。内臓に入れば組織を破壊するし、骨に当たれば骨を砕く。

猟をはじめたことにより、私自身の感覚で変わったことはいくつかあるが、戦争映画やアクション映画を見るときの気分は、激しく変わったことのひとつである。銃弾で死んだケモノを解体する猟師は、そのたびに、銃で撃ち殺されたケモノを検死しているようなものである。鉄砲の弾が肉体にどのような影響を与えるかを熟知している。

飛んできた銃弾が肉体に当たるとはどういうことか。それはとんでもないことである。文字どおり破壊的で致命的なのだ。自分の身体に当たったらと思うと、ただ怖ろしい。狩猟をはじめてから私は、戦争映画やアクション映画の銃撃戦を楽しんで見ることができなくなってしまった。

火薬銃のカラクリをごく簡単に説明すると、強固に密閉された筒の中で火薬に火をつけ、爆発的に発生する燃焼ガスで金属の弾を押し出すというものだ。筒内での爆発力を利用するという意味で、銃とエンジン（内燃機関）を同じ系列の発明品だと考える人もいる。

爆発の誘導は、衝撃を加えると発火する小さな火薬の固まり（雷管）を撃鉄でたたくことでおこなわれる。雷管で発した火を薬莢内の火薬に引火させて、爆発発射。このシステムで発砲のタイミングを撃ち手が管理することもでき、安全性もある程度は確保されている。

肉体の破壊強度を超えた力をもつ道具は、現在われわれのまわりにたくさんある。使い方を間違えると危険だが、リスク以上の価値があるからわれわれはその道具を、何とか制御しながら使っている。鉄砲やエンジンもそんな道具である。ほとんどの時間でうまく扱っているそれらの道具が、ふとしたきっかけで思いがけないことをしでかす。そして強力な道具ほどしっぺ返しも大きい。銃にまつわる事故も毎年のように起こっている。人をケモノと間違えて撃ってしまったり、流れ弾が仲間に当たってしまったり。

ミスは生物が存在するところにかならず存在する。これは真理といってもいいかもしれない。命とはミスを生み出すものなのだ。

ミスがミスのまま終われば笑い話だ。ミスが人体の破壊につながると事故である。かつて日本では小さなミスにキャラクターを与えることで事故を避けるという知恵があった。川遊びにいって転んだりすると、河童《かっぱ》に足をつかまれた、と行動を終了して帰宅する目安にしていた。私はこの日本的な感覚が大好きである。山ノ神や天狗、雷様、座敷童子《わらし》、かまいたち、こだま、疳《かん》の虫。その日の体調や疲労によるミス、自然現象など、自覚や認識がむずかしい現象を説明するのにキャラクターを当てる感覚は何とも楽しい。八百万《やおよろず》の神にはそんな側面もあったと思う。

ふりかえって現在、神の宿らない道具が世のなかに増えすぎた。カラクリを知らなければ魔法にも見える交通機関や電気製品。現代人は強く意識せずに、ものすごい力を手に入れている。アクセルを踏んだだけでゴムの輪をまわし、一トン前後の鉄の塊を時速百キロ以上（秒速なら二七メートル）で走らせることができるのである。つつましく暮らしていれば、ミスが事故につながることは少ない。欲を出して神の宿らない道具に頼った挙げ句のミスが事故になる。

フライパンでも思いきり殴られれば人は死んでしまう。殺意という点では、銃だろうが調理器具だろうが変わらない。だが、フライパンの動きなら生物としてもともと備わっている運動神経で対処することも可能だ。しかし、鉄砲の弾を躱《かわ》すのは難しい。

ほんの少しの指の動きが、大きなエネルギーを生み出す。表面上にあらわれる動作と引き出される結果があまりに大きく不自然なため、そのギャップが銃への恐怖心を生んでいるのだと思う。

しかも飛び道具には、行為に伴うはずの手応えや実感が薄い。たとえば金属バットで生き物を殴ったときに感じる、モノが壊れる感覚を、引き金を引く銃の撃ち手は感じることがない。かなりの撃ち手になると、当たったときに手応えに似たものを感じるというが、それにしたところで間接的なものだ。結局は飛び道具なのである。実感や手応えがないと人は自分のしたことを正しく理解することはできない、と私は思う。鉄砲やミサイルで人を撃ち殺している人は、命を奪うことに伴う手応えを感じていない。少なくとも正しい手応えは感じていない。実感がないのに、命を奪うというのはアンフェアなことだと私は思う。それは無責任なのだ。

その鉄砲をつかう猟師の言い訳をすこしさせてもらいたい。

まず、狩猟で鉄砲を使うのが、使わなかったときより、一時的に効率は上がる。しかしケモノはやがてそれに対処するようになる。飼いならされた鹿はセンベイを求めて人の近くに寄ってくるが、狩猟許可地域の鹿は人を見たら逃げていく。そしてそれは、道具によって洗練もされる。弓矢の射程で人との距離を測っていた鹿が、鉄砲で撃たれるようになると、鉄砲の射程で人との距離を測るようになるのである。ケモノはケモノで自分たちの「リスクの許容範囲」を決めている。彼らもエサを食べて生きていかなくてはならないし、他の個体と出会って子孫を残したり、逆にテリトリーを守ったりしなくてはならない。それら生きるための要素に、鉄砲で狩られるリスクを加味して、彼らはそこでなんとか生き抜こうとしているように私には見える。

鉄砲をはじめたころ、私は鉄砲の弾を何とかしてケモノに当てることが狩りだと思っていた。狩りたいという私の意志を文字どおり獲物にぶつけるようなイメージで狩猟に挑んでいたのだ。今では、逆の考え方をして山に入る。ケモノに私の意志（ベクトル）をぶつけるのではなく、ケモノが何を考えどう行動しているのか、可能なかぎり想像し、ベクトルを同じ方向に向けて、ケモノにできるだけ自分を寄り添わせるようにして、最後の仕上げに鉄砲を使わせてもらうという感じだ。

「猟師が獲物を狙うとき、そのケモノになる」とは、猟師がケモノの気持ちになって考えるということなのだろう。人が別の動物になるわけではない。狙ったケモノになろうとしている時点で、どこまでも人間なのだ。

鉄砲で圧倒的にケモノが仕留められるなら、ケモノは数を減らして、翌シーズンの猟果はがたんと減ってしまうだろう。実際はそうはなっていないのが現実だ。

といった説明で、鉄砲に内包されるアンフェアな部分を、精算できるわけではない。まだカモシカを狩ってよかった時代、猟師はカモシカを鉄砲で撃つことなしに狩っていた。猟師は雪の深いところにカモシカを追い込んで動きを止め、木の棒で殴り殺していたのである。当時の人々が「殺生の手応えを感じるべきだ」と思って殴ることを選んでいたわけではないだろう。火薬が高価だったこと、その火薬を使った鉄砲がうまく作動するかどうか現在ほど信頼性がなかったこと、そして、鉄砲の弾で毛皮を傷つけたくなったこと、内臓に弾が入ったときに肉の質が落ちることなどの要素がからんで、殴るという選択をしていたのではないかと想像する。

殴ってケモノを捕ったら、手には「殺した」という感触がいつまでも残る。それは殺しの手応えだと私は思う。命を食べることにまつわる手応えだ。生きるために越えなくてはならない手応えだということもできる。

われわれ猟師は今その手応えを強くは感じないでケモノを仕留めている。もし猟師に、自分の殺生を精算する機会が残されているとしたら、自分の獲物を自分で解体するという作業においてだろう。私はできることなら、最期のとどめも自分の手でおこないたいと思っている。初弾で動きの鈍くなったケモノを押さえて、頸動脈を切る——。殺される側にしてみれば、銃であっさりと終わらせてもらいたいかもしれない。申し訳ないが、私は手応えがほしい。

第五章　狩猟サバイバル山行記

ゴリド人は大声で笑い、こう言った。

「あんたは針でもない、鳥でもない、とべない、土の上を歩く、足がふむ、跡がつく、わしには目がある、みる」

——アルセーニエフ『デルス・ウザーラ』

出発前、日本の年間平均気温の推移を調べて、心のなかにいやな感じが広がっていった。毎月一五日に発売される月刊誌を編集する仕事をしている。連続した休みは月の頭にしか取れないし、狩猟期間は二月一五日まで。仕事を休めるタイミングと法律で定められた狩猟期間を考えると、冬期サバイバル登山を実践できるのは二月の頭しかなかった。だがそれは、年間でいちばん寒い時期だったのだ。

食料と装備をできるかぎり山にもち込まず、自給自足のようなスタイルで、道のない山塊を長期間歩く。そんなサバイバル登山をはじめて一〇年になろうとしていた。だがこれまでサバイバル登山は、夏山でおこなうものだった。米と調味料だけを背負い、岩魚を釣って、山菜をとり、キノコを拾う。時計やラジオ、ヘッドランプ、通信機器などの電気製品はもち込まず、タープ（日よけや雨よけに使うシート）を張って、焚き火で炊事をし、その横に眠る。文明の利器に頼らず、自分の力で山に登りたいという思いを具現化した登山である。

自分の食べるものを自分で調達する。それがサバイバル登山の主題であり、それは私に「食べるものは自分で殺す」という自然界では本来当たり前の法則を教えてくれた。自分の食べるものを自分で殺すという経験を当たり前としている人が、今の世のなかにどのくらいいるだろう。アサリの味噌汁をつくるとき、人は知らず、アサリを釜ゆでの刑に処しているが、おおかたそのくらいなのではないだろうか。

サバイバル登山で殺生を体験したことが契機になって、自分の食べる肉類に疑問をもち、それが狩猟をはじめる大きな原動力になった。その先で今度は、狩猟の技を使ってサバイバル登山をやってみたいという発想が生まれた。この思考展開は私のなかであまりにぴったりきすぎていて、疑問の余地はなかった。狩猟の資料を漁っていて出会った「デルス・ウザーラ」は、今や私の最高のヒーローだ。ロシア語の資料から複写したデルスの写真がわが家の神棚に飾ってある。ちょうど一〇〇年前、老猟師デルスは銃を手にシベリア東部の原野を自由に歩き回ることができた。食料になるケモノを仕留めながら山の奥へと探検隊を導いていく。自分が生き残れるか否かは自分の腕にかかっている。仕留めた赤鹿の生皮三枚と引き替えに、鞣《なめ》し済みの皮一枚を現地の民から譲ってもらい、自分で履き物をつくる、なんて記述には心が震えた。格好いい。こんなことしてみたい。

冬のサバイバル登山と簡単に言っても、通常のサバイバル登山でさえ、九月も終わりになってくるとつらくなる。日照時間とともに行動時間が短くなるので、秋が深くなると登山が進まないのだ。それに加えて冬ならば気温も下がり、雪も降る。山菜はないし、キノコも期待できない。夏期サバイバルのおもなタンパク質、岩魚は雪の下だ。そもそも禁漁期間中で渓流魚を釣ることはできない。

燃料やコンロ、テントをもたず、夜が長いのに電灯もなく、気象条件は厳しいのにラジオの天気予報も聞かず、持参食料は米と調味料（とお茶）だけで、野宿しながら冬山登山をすることなどできるのだろうか。

　二月の気温は一年間でいちばん低い。それでも冬用のシュラフは持ちたくなかった。荷物が重くなり行動が制約されるからだ。同じくテントも持ちたくない。焚き火で生活するのにテントは不向きだし、そもそもテントという空間に頼らないで山に入ったらどうなるかというのが、サバイバル登山の命題の一つだからである。

　装備に頼らず冬に長期登山を作り上げることができたとしても、ケモノを狩れるかという問題が残る。そもそもこれこそが、冬期サバイバル登山最大の関門だ。これまで私の経験は三シーズンでたったの三頭である。

　もし肉を確保できなければ、米と調味料だけの日々がつづく。米はいつものように玄米を軽く搗《つ》いた三分搗き米を一日四〇〇グラムの計算でもっていくことにした。三合弱といったあたりである。玄米は栄養も繊維質も多く、冬とはいえ、これだけで命をつなぐことも可能だろう。少し搗いておけば炊くのもそれほど難しくない。田舎の伯母が漬けた梅干しと漬け物、通常のサバイバル登山では持って行かない味噌も食料に加えることにした。

　できあがった食料のセットを見て、冬山に入るには貧弱すぎると思った。予備食として山村の巻き狩りで仕留めたイノシシの薫製と鹿のジャーキーを食料袋に入れた。そして出発直前、自分が何をしに行くのかもう一度よくよく考えなおして、やっぱりそれらの干し肉をすべて食料袋から取り出した。

山梨県でしか狩猟登録していない私は、山梨県内でしか狩猟をおこなうことができない。そのため冬期サバイバル登山を行なうエリアとして南アルプス南部の山梨県側に狙いを付けた。エリアとして大きく、登山の対象として手応えのある山頂も多い。狩猟可能な地域もそれなりに広いので、狩猟可能区域で首尾よく仕留めることができれば、それで食いつなぎながら保護区や静岡県側を歩き、また、狩猟可能なエリアに入ったら、ケモノを狩りながら進むという、冬期サバイバル登山ができるかもしれない。

山梨県の最南端、南部町《なんぶ》から山に入り、渓やヤブや稜線を歩きながら北上して、最後は間《あい》ノ岳(三一八九メートル)に登頂するという一二日間の計画を立てた。間ノ岳は日本で四番目に高い頂でありながら、南アルプスの奥深くにあり、二月の登頂者はほとんどいないはずだ。南アルプスの南端からケモノを狩りつつ北上して、テントも食料もない冬山計画の最後を締めくくる山頂としては充分すぎるといえるだろう。

冬期サバイバル登山へ　〇八年二月一日

朝一番の電車に乗って南アルプスをめざす。くり返しになるが、銃の所持許可を受けていて、正しい目的のために、猟銃や弾を交通機関に持ち込むのは違法ではない。しかも私は猟銃を分解して、大きなザックにしまっているので、誰も私が銃を持っているとは気がつかない。それでも、持っているほうはどうもそわそわして落ち着かない。

身延線井出《いで》駅で降りた。初めのピークは南部町の篠井山《しのい》である。このあたりの山はまったく登った経験がない。車道を歩いて集落に入り、犬に吠えられて、奥の山をめざす。

林道に入ってしばらく歩くと、林業の作業小屋のようなものがあり、場違いなほどラジオのボリュームをあげて、演歌を林に響かせていた。ケモノよけなのだろうか。ちょっと怖い。

その作業小屋から来たと思われる小さな猟犬が私のまわりを歩き回ってから戻っていった。一汗かいて演歌が遠くなったところでザックを下ろし、銃を組み立てた。

まだ植林のなかだが、登山道をたどるように新旧まざった鹿の足跡が残っている。

登山道が稜線に達すると、植林がとぎれ、二次林に変わった。ケモノの足跡は変わらずつづいている。山頂に向け稜線をたどる。標高を上げるにつれて積雪が増えていく。初日なので時間が気になる。電車は時刻どおり運行していたので井出駅には九時四〇分に着いているはずだ。これが正確にわかる最後の時間。できることなら明るいうちに宿泊地を決め、夜を迎える準備を暗くなる前にすませたかった。初日は篠井山を踏んで、山頂手前のゆるい尾根を西におりて宿泊する計画だが、日のあるうちに雪のない標高まで下がれるか不安が出てきた。

小さなコル（峠状の地形）に出ると、さらに雪が深くなり、ケモノの足跡が渓沿いに西に向いていた。

ザックを下ろして地図を広げた。ここでケモノのアシを追って西におりると、小さな小屋があるようだ。植林のための作業小屋だろうか。初日は作業小屋の軒下を借りて、冬期サバイバルの基本生活がどんなものかようすをみるのが、妥当なのではないか。そんな弱気がもたげてくる。

ケモノの足跡を追うことを言い訳に、西におりることにした。はじめゆるい源頭だった谷は傾斜を増し、右手の植林の斜面に逃げて高度を下げた。ケモノの気配はない。

斜面がゆるくなってふたたび道に合流した。地図にある植林小屋につづいているのだろう。ケモノの気配を探しながら登山道をたどる。そして林道に出た。林道の横に貨物列車のコンテナを改造した物置が立っていた。宿泊には使えそうにない。さらに下ると、木造の物置があった。こちらはいざとなれば雨よけくらいにはなるだろう。

そのとき、左手の斜面に日本犬の顔が見えたような気がして動きをとめた。大きな樹が生えている薄暗い森だった。二つの耳がツンと立っているように見えたが、倒木や樹林の関係でそう見えたのだろうか。動かずに凝視していると、やはり樹間にカモシカが立って、こちらをうかがっていた。獲物として狩ってしまえ……そんな欲が脳裏によぎった。距離は四〇メートルほど。だが、私は銃をもった遭難者ではなく、狩猟サバイバル山行《さんこう》を実践中の登山者だ。まだ天然記念物に銃を向けるほど追い詰められているわけではない。

銃をあげ、カモシカに狙いを付けた。カモシカは動かない。「バァン」と口に出してみる。それでもカモシカは動かなかった。カモシカは名前と違って鹿の仲間ではない。偶蹄目《ぐうていもく》ウシ科に属している。牛というのは概して好奇心が強く、カモシカも例外ではない。山で遭遇しても、じっとこちらを見ていたりする。踊りながらだとかなり接近できると聞いたことがあったので、銃とザックを下ろし、阿波踊りのようなダンスをしながら近づいてみた。カモシカはこちらを凝視している。踊

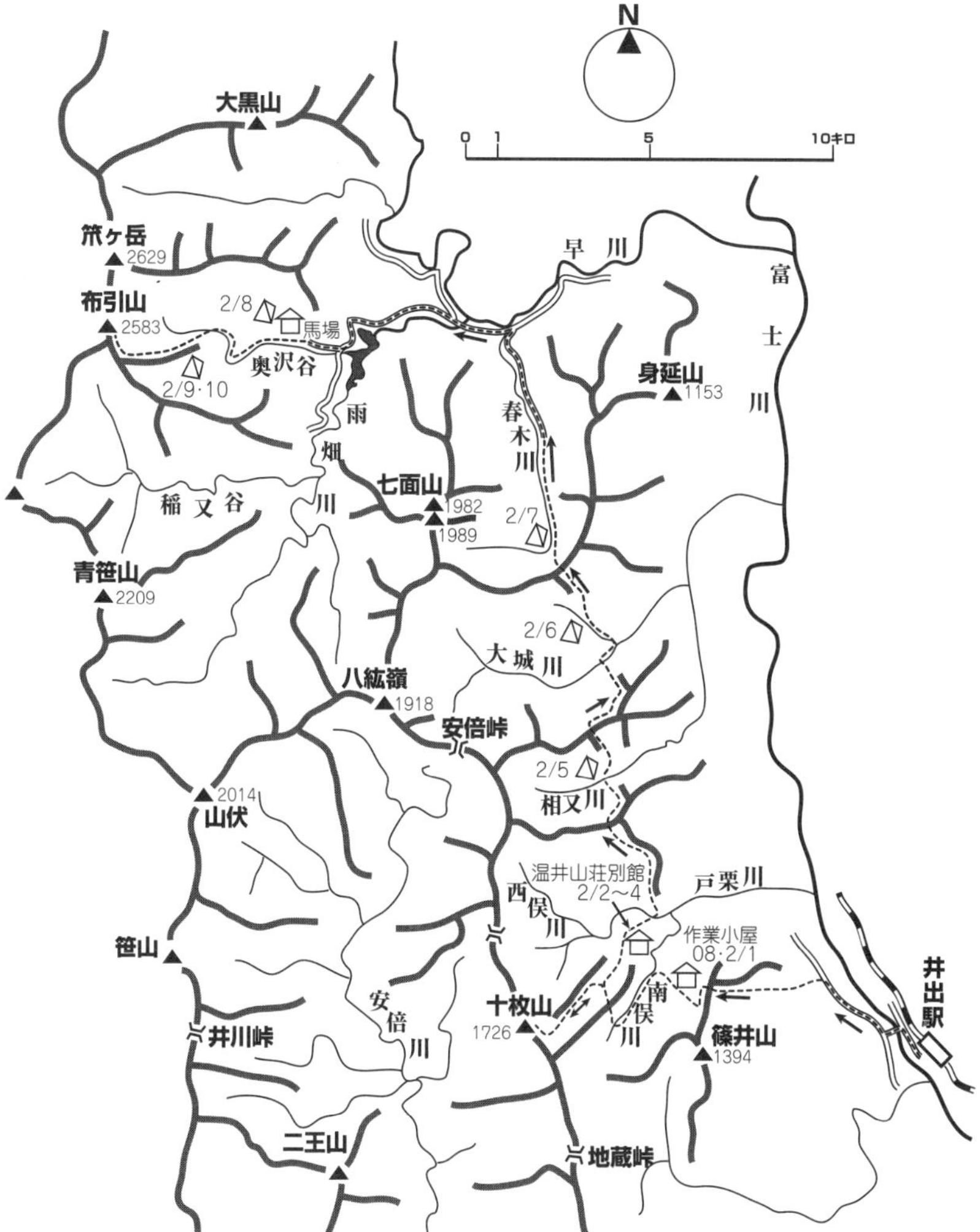
N
0
1
5
10キロ
大黒山
笊ヶ岳
2629
布引山
2583
2/8
馬場
奥沢谷
2/9·10
早川
富士川
身延山
1153
春木川
雨畑川
七面山
1982
1989
2/7
稲又谷
青笹山
2209
2/6
大城川
八紘嶺
1918
安倍峠
2/5
相又川
2014
山伏
温井山荘別館
2/2〜4
戸栗川
西俣川
作業小屋
08·2/1
井出駅
笹山
南俣川
十枚山
1726
篠井山
1394
井川峠
安倍川
二王山
地蔵峠

りながら少しずつ近づいてみると、一五メートルほどに近づいたところで歩き出し、後ろを振り返りながらも、ヤブのなかに消えていった。

四頭目の鹿　二月二日

朝からどんより曇っていた。五万分の一地形図では戸栗《とぐり》川南俣川には渓沿いに道がついている。今は歩かれていないようで、かなり荒れていた。植林帯のなかは何とか踏み跡もつづいていたが、大きな支流がおりてきて、二次林（準天然林）に変わったところで道がヤブに消えた。

夏のサバイバル登山では、登山道を歩くことはほとんどない。大きな山塊に道がなかったらと仮定して、登山を続けることをめざしているためだ。前進は基本的に渓沿いを歩き、ときにはヤブや岩稜をたどる。しかし、冬のサバイバルでは鉄砲をもって歩いている。長い鉄の筒をもっていてはヤブのなかは歩きにくい。ヤブをがさがさ進むと、ケモノに私の存在を気取られてしまう。

渓におりて進むことにした。凍りついた沢も、雪に覆われた岩も進みにくい。今日は、戸栗川の南俣川を詰め、林道を使って十枚山登山口付近に移動する予定だ。計画ではその後、十枚山に登り、稜線を北上するつもりだったが、出発前の天気予報では、このあと天気が崩れるらしかった。標高を上げるのは気後れしてしまう。昨晩もカモシカ遭遇のあと、小さな作業小屋を見つけて泊まっていた。

戸栗川南俣川を林道が横切る地点の標高は八九〇メートル。最終目標地点の間ノ岳は三一八九メートル。まだ二〇〇〇メートル以上の標高差があるのに、雪は膝近くまで積もっていた。南アルプスの南部なら、二月でも積雪はわずかで、焚き火でそれなりに野宿ができると予測していた。しかし、二〇センチも積雪があるとなると、目論見は崩れたといえる。標高一七二六メートルの十枚山でさえ、今の装備では手に余りそうだ。

そして、空から軽く雪が舞いだした。行動に支障があるほどではないが、ますます気が滅入ってくる。

林道には幾筋か鹿のアシが残っていた。右から左へ抜ける新しい足跡と、左から右へ抜ける新しい足跡がある。こういうときは要注意だ。私の乏しい体験でも入り乱れた足跡があるときは、ケモノが近くにいることが多い。

夕暮れも近づいている。とりあえず今日も、里に近づいて寝る場所を探そうと、鹿の足跡から少し顔を上げたときだった。林道脇の斜面でなにかが動いたような気がした。動きを止めて目をこらすと、雌鹿がお尻をこちらに向け、首をひねって私を見下ろしていた。あわてて銃を向け、安全装置を弾きながら狙いを定めた。

高さ二メートルほどのコンクリート壁の上に短いヤブの斜面があり、その奥は杉の植林になっていた。鹿は少しごそごそと歩いて止まり、一五メートル先のヤブのなかでこちらにお尻を向けたまま、首をひねって私を眺めていた。

狩猟を始めてまだ三シーズン。私は射撃がうまくない。突然獲物に出くわしたら、銃口を向け、おおよその狙いが定まって、照準器の揺れが止まるまで、たっぷり三秒はかかってしまう。「動くな、動くな、動くな」と念じながら照準を合わせた。鹿は動かなかった。奇妙なものを見せられて、考え込むかのようにたたずんでいた。

引き金を絞ると同時に「逃げ出さなかったおまえが悪いんだぞ」と自己弁護が心のなかをかすめて消えた。

激しい衝撃が肩から身体に伝わり、銃口から噴き出す煙と火薬のカスで視界が一瞬遮られる。のぞき込むように鹿の動きをうかがいながら、すばやくボルトを引き、次弾を送り込んだ。斜め後ろから撃つかっこうになったので、標的は小さかった。弾ははずれたかもしれないと私は思った。はずれてくれたかもしれない。

大型哺乳類を殺すのはこわい。それを目的に山を歩いていても、殺さなければその日食べるものは米と漬け物しかないとしても、こわかった。

鹿は崩れるように斜面を走りおりてきて、そのままコンクリートの壁を転げ落ちた。目の前一五メートル、雪が積もった林道に鹿が落ち、同時に雪の上に赤い色が飛んだ。

「(弾が)入った!」と思った。

鹿から目を離さずに二歩三歩近づく。興奮にかすかな後悔がすっと差し込む。もっとましな方法はなかったかと、思考を巡らしてしまう。殺生にまつわるいつもの感情だ。

鹿は私を見ることもなく立ち上がろうとして、よろけてまた倒れた。

弾はかなりいいところに入ったようだ。だが、血の赤に混じって、緑の液体が雪面を汚している。

胃袋が破けたのだろう。銃床を肩に当てたまま、いつでも次弾を撃てる体勢で、遠巻きに観察する。雌鹿はヴグググググと大きくうなり、体を横たえて足をピンと伸ばし、動かなくなった。

——止まったか？

撃ってからここまで十秒くらい。私が仕留めた鹿のなかでもっとも早く事切れた鹿だ。

あわよくばと考えていたとはいえ、いざ大きな獲物を得てしまうと、気持ちが定まらなかった。今夜の寝床もきまっていない状態で、どうすればいいのだろうか。

とりあえず内臓を抜くことにした。できればその前に血抜きをしたいが、すでに事切れてしまっている状態で効果があるかはわからない。林道の積雪は二〇センチほど。車が入ってくることはないと思うが、それでも雪の上には古い轍《わだち》が残っている。狩猟者の車ならよいが、一般人が見たら、この状況はちょっと刺激が強いだろう。

鹿を引きずって斜面を下った。鹿はやせていた。引きずりながらアバラが浮いているのがわかった。毛並みがぼさぼさと逆立っているのも、引きずっているのが理由ではないようだ。冬毛のはずなのに毛が薄く、ちょっと見ただけで大きなダニを多数確認できる。撃つまでは、銃を構え、狙いをつけることだけにただ集中していたが、思い返すと、鹿の立ち姿にあらわれる敏捷性のようなものを感じなかった気がする。

体が弱っていたか、年寄りなのだろう。

植林のなかなので、鹿を下げる手頃な枝が見あたらない。倒木を利用して渓沿いの窪地に鹿を下げた。後ろ足を上、頭を下にして、後ろ足のロープを固定する。まず、頭を落とし岩の上におく。

腹を開けると、熱気とともにムッとした匂いが立ち上がってきた。簡単に言えばウンコとゲロの混ざったようなニオイだ。弾丸に消化器官が破かれていなくても、お腹を開けると生臭い。破かれていればすごく臭い。それでも体温が残っているので汚いものを触っているという感覚はない。少しでも肉を汚さないように胃袋と腸を出し、それを中途半端にブラ下げたまま、横隔膜を破いて、肺の奥にグッと手を入れる。気管をしっかりつかんで引っ張ると肺と肉体をつなぐ内臓膜が破け、気管、肺、心臓、肝臓などをひとまとまりに取り出すことができる。大きな鹿だと内臓膜をナイフで軽く切らなくてはならないこともあるが、この鹿は丸のまま（内臓を抜かない状態）で四〇キロほどなので、力任せに引っ張ればとれる。

出てきた心臓ははじけるように半分が消滅していた。狙ったわけではなかったが、心臓に弾があたったようだ。後ろから撃った弾は脇腹から入り、胃を破いて、心臓を貫き、そのまま肺も破壊して、あばらの上部から抜け出ていた。即死だったわけである。

内臓を出した体腔にたっぷり血がたまっていた。鹿の体を持ち上げるようにして、血をこぼしてやる。肛門に枯れ葉を詰め込んで、皮膚と肛門との境目に切れ目を入れる。そうしておいて、腸を引いてやれば、きれいに腸を取ることができる。問題なのが膀胱と尿道の処理だ。膀胱を破いて肉に尿をかけてしまうと臭いが移ってしまう。しかし、尿道と膀胱のつながりと骨盤の関係は複雑でわかりづらい。仲間と一緒に解体したものも含めれば私はすでに二〇頭以上の獲物をバラしているが、いまだによくわからない。

とりだした内臓も正しく処理すれば、おいしく食べられるが、それには、解体してすぐに洗わなくてはならない。最近、鹿は個体数を増やし、よく手にはいるので、内臓は残滓《ざんし》として処理することが多い。私も、いま鹿の内臓まで処理する余裕はないので、破れた心臓だけ残して、埋めさせてもらおう。

内臓を埋めて、鹿のところに戻り、皮をはぎにかかる。雪はやんだようだが、空は相変わらずどんよりと曇っていた。まだ時間はあるだろうか。それとも、鹿をここに吊したまま、寝場所を探しに行ったほうがいいのだろうか。やせてダニだらけの弱った鹿とはいえ、他のケモノやカラスにいじられてしまうのは気が引ける。ヒグマはエゾシカの死体など、大きなエサにありつくと、その上で眠るという。わざわざ食べ物を布団にする必要はないと思うのだが、気持ちはわかる。

内臓を抜いた鹿は二〇キロくらいだろうか。大きくはないが、それでもすべてをもち歩くのは不可能だ。背ロース、肩ロースを取り、四本の足を外す。内ロースはビニール袋にわけて……、このくらいが限度だろう。頭、背骨、あばら骨、腰骨、それら骨の周りの雑肉は、あきらめるしかない。それでも持ち運ぶ肉と骨だけで一〇キロ以上はあるはずだ。

林道をいそいで下った。少しずつ積雪は減っていくが、泊まるのに良さそうなところは出てこなかった。一時間も歩いただろうか。薄暗くなった頃に青いトタンが目に入った。植林用の簡易小屋だ。軒下に薪が詰んであったが、中を覗いてみると囲炉裏は切っていなかった。完全な荷物置き場になっている。なかの荷物は腐ってボロボロ、虫に食い荒らされているものもある。薪も経年劣化でスカスカだった。それでも天気は悪化傾向なので屋根はありがたかった。

水場を探すべく、あたりを見回すと、さらに下の斜面に大きめの小屋があるのが目に入った。近づいてみると、完全な廃屋だが、軒下に「温井山荘別館」とかかれた看板が下がっていた。ノブに手をかけるとドアが開いた。薄暗い屋内に目をこらす。二〇畳ほどの板の間の半分が腐り落ちていた。ホコリも淡雪のように積もっている。だが囲炉裏は健在で快適そうだ。不法侵入になるのだろうか？　私はザックを持って入り込んだ。

近くに湧き水を見つけ、飲み水を確保した。囲炉裏の脇には不揃いの薪が積まれていた。奥に立てかけてあったちゃぶ台を出してきて、タオルで拭いた。何度も拭いてようやく、タオルが多少汚れる程度になり、それでよしとする。

火を熾こし、お茶のナベと米のナベをかけた。鹿の脚を奥の間に吊るし、心臓をマナ板がわりのベニヤ板に載せ、包丁を出して薄くスライスしていく。私は刃渡り一五センチほどのペティナイフを登山用のナイフとして愛用している。ハンティングナイフや登山ナイフ、剣ナタなど、ごついナイフが野外活動用として世のなかにあるが、料理を主体にするなら包丁という長年洗練されてきたフォルムが使いやすい。ケモノの解体もこの一本で充分こなせる。

弾が当たって半分が吹き飛んだ心臓は、破壊痕の周辺は傷んでいるので焼くことにして、傷んでいない部分を刺身にした。鹿のハツ刺しだ。

ハツ刺しを食べたのは今シーズンが初めてである。村の狩猟集団に加えてもらって三シーズン目になるが、二シーズンは単独猟で鹿を捕ることができなかったからだ。仲間と一緒に仕留めた場合、心臓は三つの切れ目を入れて神棚に捧げられる。地域によって切れ目は五つのこともあるようだ。

いずれにせよ「ひとつの命を神と大地とこの世の生き物でわける」という考えの表れだろう。だが私の関心はそんな儀式ではなく、神棚に捧げた心臓そのものだった。あれはいったいどうなるのか？　解体が終わると打ち上げをして終了。心臓のことには誰も触れず、神棚に上げたままで、翌週訪れるとなくなっていた。焼き肉屋で食べるハツがあれだけうまいのだから、鹿の心臓もまずいわけがない。私は心臓を食べてみたくてしかたがなかった。

三シーズン目にようやく単独で鹿を仕留め、心臓を食べる機会がやってきた。以来、仕留めたその晩は内臓と銃創近くの肉を食べるのが私の儀式になっている（といっても単独ではようやく三頭目だ）。儀式といえば、心臓に切れ目を入れてなにかしらの存在に捧げる行為も、ひとりでも何となくやっている。儀式とは不思議なものだ。形式をくり返すだけで気持ちが落ち着く。それが殺生にまつわるものなら、少しは救われたような、許されたような気持ちになる。

もちろん鹿の心臓はうまかった。

小人閑居して　二月三日

夜半から降り出した雨まじりの雪が朝方には湿った雪に変わっていた。冬山登山にとっては最悪の天気だ。行動すれば体が濡れる。低気圧が去ると、寒気が入ってくるので、濡れたものが凍る。

風雪の音を聞きながら温井山荘別館のなかでだらだらと過ごしていた。この降雪のなか行動する気はさらさらない。だが、こんな快適な小屋でだらだらしていいのだろうかと、淡い職責のようなものが心をちりちり焼いている。

雪は新しく一〇センチは積もっていた。温井山荘別館の標高は五〇〇メートルといったところ。二〇〇〇メートル近い稜線は倍以上積もっているはずだ。計画どおり稜線を絡みながら北上する計画は無理そうだ。というより最初から考えが甘すぎたのだろう。夏は当たり前になった現代装備を拒否した登山も、冬にはその装備たちの威力がよくわかる。電灯もストーブ（コンロ）もテントもなしに、冬山の奥には入れない。夏はほしいと思わない時計も冬は闇の接近を教えてくれるすばらしい道具である。

なにをすることもなく、囲炉裏に火を熾こし、廃屋を物色した。自分が潜んでいる空間がどうなっているのかを調べたいというのは生き物の本能だ。といいながら役に立つものや食べ物を探している。「小人閑居して不善を為す」そのままである。なさけないと思いながらも、行為はとまらない。廃屋の台所で食器になりそうな器《うつわ》をみつけた。いただいたら窃盗であり、見方を変えればゴミの再利用でもある。どちらにせよ今晩使わせてもらうだけなら、誰に迷惑をかけるわけでもない。お茶を入れる器がひとつ増えるだけで生活が楽で豊かになる。

地図を広げ、ゆっくり今後のことを考えた。明日晴れたら、登頂と積雪観察を兼ねて十枚山に行ってみようと思う。稜線の積雪状況がわからなければ、これから先の予定もたたない。

アシとハンコ　二月四日

十枚山の登山口に着いたときは、すでに日が高かった。天気は晴天。かなりのラッセル（雪をかき分けて進むこと）になるはずなので、早起きするつもりだったが、廃屋のなかからでは、微妙な朝の光を察知できなかった。

林道も思った以上の積雪で、荷物は弁当と鉄砲だけなのに、おととい小一時間で下りた距離を登り返すのにかなりの時間がかかってしまった。雪に埋まる沢から水を汲んで登山道に入った。日に照らされた雪が木から落ちてくる。針葉樹の植林地帯のためラッセルは楽になった。黙々と高みをめざす。

植林が終わり、天然林に変わるところで、新雪の上を足跡が横切っていた。おそらくカモシカだろう。カモシカと鹿の足跡はよく似ている。少なくとも私には完全な区別がつかない。ザックを下ろし少し追いかけて斜面に入ってみたが、足跡の主の姿はなかった。

猟の基本はケモノの残した痕跡を探ることである。痕跡は足跡、糞尿、毛（木や草にときどきついている）、はみ（食べ）跡、ぬた（泥浴び）、木に付けたキズ（マーキング）跡、寝屋跡、匂いなどいろいろあるが、なかでも基本は足跡だ。狩猟用語で足跡のことを「アシ」という。最初のシーズン、私は足跡そのものを必死で見ていた。私に猟のイロハを教えてくれている師匠はさらに「ハンコ」という言葉を使って、足跡の全体と単体を使い分けている。足跡のつながりが「アシ」で、ひとつの足跡が「ハンコ」だ。

あまり「ハンコ」に集中しすぎないで「アシ」全体を見ることでケモノの影がぼんやりと浮かんでくる。このことに気がついたのは二シーズン目の終わり頃だった。「ハンコ」だけではなく、歩幅や動きをみるほうがケモノのイメージはつかみやすい。私はまだぼんやりと影が浮かぶレベルだが、猟仲間と話していると、見切り（アシを見てケモノの個体や動きを同定すること）の上手な仲間は、足跡の主の影をはっきりと思い浮かべ、それを動画で動かしているようだ。ちょっとした落ち葉の凹凸を見て、そこで起こったことを前の晩みたテレビドラマのように説明する。

針葉樹林帯を過ぎると、雪はかなり深くなった。太陽の角度と相談しながら先を急いだ。

標高一二〇〇メートルを超えるあたりから猛烈なラッセルになった。ところどころ腰まで潜る積雪で、一歩進むのに数秒かかってしまう。肩にかけた鉄砲がじゃまだが、置いていくわけにもいかない。

歩く速度は速くないので爽快とはいえないが、ラッセルにはラッセルの楽しさがある。はっきりした目的に向かってただ努力するという喜びである。息が上がって立ち止まることはあっても、考え込んだりすることはない。努力すればそのぶんの結果はかならず返ってくる。進まないときはどうしても進まない種類の仕事とくらべれば、ラッセルは快感だ。

太陽は南中を過ぎて、稜線の向こう側に傾いた。稜線まではまだ少しありそうだ。日が暮れる前に温井山荘別館に帰れるだろうか。林道までおりられれば、日が暮れても歩けると思うが、針葉樹林帯は暗いはずだ。電灯をもたない私が自分の足跡を見失ったら、そこで夜をあかさなくてはならなくなる。

もう少しだけと思いながら、ラッセルをくり返し、なんとか稜線に這い上がった。雪が風に押さえられているぶん、少し歩きやすくなった。太陽の位置を確認する。南中からは二〇度以上傾いている。もう一四時はまわっているはずだ。お腹も減った。昨晩炊いた米を食器に入れ、梅干しを乗せて持ってきていたが、登りの途中で食べ尽くしていた。

十枚山の山頂をめざして稜線をたどる。木が茂ったところは柔らかい雪が積もっていて、ここでもまたラッセルだ。お腹が減っているうえに、朝から激しいラッセルを続けてきた。まだ四日目だが、こうなると頭のなかは食べ物のことでいっぱいになる。いま食べたいのは果物だ。とくにジャム、なぜかわからないがイチゴジャムが猛烈に食べたい。

サバイバル登山を始めたばかりの頃、私は一日〇・五合の計算で米を持っていた。一〇日で五合である。それはかなりつらかった。山のなかで炭水化物を調達するのは困難であり、かつての山人も、現在ヒマラヤの麓で暮らす人々も、山に入るときはかなりの量の炭水化物をもち歩くということをあとで知った。

その後、サバイバル登山で持って行く米の量をどんどん増やしていった。増やす過程で私の頭にあったのは宮沢賢治の「雨ニモマケズ」である。「一日ニ玄米四合ト味噌ト少シノ野菜ヲタベ……」。一日四合も食べられたらかなり楽だ。今でいうスローライフを謳い上げた詩だけに、言い訳としても説得力がある。そして今もラッセルをくり返しながら、私の頭のなかには「雨ニモマケズ」が流れていた。

「雨ニモマケズ　風ニモマケズ　……丈夫ナカラダヲモチ……一日ニ玄米四合ト　味噌ト少シノ野菜ヲタベ……ホメラレモセズ　……クニモサレズ　……サウイウモノニ　ワタシハ……ワタシハ……」

だめだ、どうしてもイチゴジャムは食べたい。

ほとんど標高を上げない稜線をラッセルして、何とか山頂にたどり着いた。だがゆっくりしている時間はない。遠くに見える南アルプスのおもだった峰をざっと眺め、山頂写真だけとって、自分のトレース（足跡）を戻る。東側の斜面にはもう日が当たっていない。暗くなる前に針葉樹林帯を抜けられるだろうか。

登りで苦しめられた積雪が下りでは私を助けてくれた。雪に寄りかかるように大股で下っていく。それでも地球はまわり、太陽は沈んでいった。

世界が完全に光を失わないうちに何とか杉の植林帯に入り、夕暮れ直前に林道に出ることができた。白い道路をたどる。植林帯の暗いところでは空を見上げると、道路の幅だけ途切れている樹林の隙間から星空が見え、道路の場所を教えてくれる。廃屋に戻ったときにはとっぷりと日が暮れていた。

ろうそくをともして、夕飯の準備だ。鹿肉はまだたくさんある。

北上　二月五日

雪が木から落ちて、丸いくぼみをつくっていた。それが熊の足跡に見え、水筒の水が動いてポコっという音がするとケモノの気配かと思って身を縮めてしまう。

温井山荘別館廃屋からさらに林道を下って、集落に出る手前で、山に入った。人に会いたくなかったが、遠目に工事をしている人が目に入った。山に入っても工事の機械音は下から追いかけてくる。人間はやかましい生き物だ。鹿やイノシシもそう思っているにちがいない。

山村近くの山には地図にない道がつけられていた。それをゆっくりたどっていった。里に近いので積雪はそれほど多くない。くるぶしまでという感じだ。

昨晩はもう登山を中止しようと思っていた。雪は予想以上に多く、すでに当初の計画から二日遅れており、この先、予定どおりことを運ぶのは無理だった。今回は廃屋を基地にして、あと一頭でも二頭でも鹿やイノシシをとり、狩猟の修行にすればいいのではないか——。

われながら悪くない提案のようで、それが心の奥底で逃げだということもわかっていた。おまえは昔のほうがましな登山者だったと、自分で思った。真冬に湿ったシュラフに入って平気で朝を待てた。春早い知床半島を縦走したときは、凍傷、空腹、靴擦れ、重荷は当たり前だった。やりたいことを必死でやるだけで、能力も余裕もなかったが、そのぶんまっすぐでがむしゃらだった。それがいつの間にかこすっからい人間になってしまった。計画どおりできそうにないから、廃屋の囲炉裏端でぬくぬく夜を過ごし、ケモノを殺すために山を徘徊する？ それがほんとうに自分のやりたいことなのか。冬山で野宿をくり返しながら、ケモノを糧に登山をするんじゃなかったのか。

快晴の空に励まされるように、思いをあらため荷物を背負った。雪がたっぷり降ってしまった稜線は無理でも、標高の低い山中をつなげば北上できる。人里近くを行くことになるが、日中山に登り、渓に下って夜を明かそう。ダメだったらそのとき考えればいい。

稜線から派生した支尾根を越えて、ひとつ北側の渓・相又川《あいまた》へ移動すべく登っていった。その雪の上を鹿の足跡が四頭分横切っていた。このあたりを猟場にするなら、ここがタツマ（撃ち手がケモノを待ち伏せするポイント）になるのだろう。すべてのアシは里のほうを向いている。この雪では山に向かう足跡は私のものだけだ。

山の中腹で不自然なものが目に入り、覗くと山の神がまつられていた。雪原に浮かぶような石の社《やしろ》にミカンとアメと缶ビールが供えられている。そのミカンとアメを失敬した。昨日のラッセル大会の疲れがあるのだろう、体がだるい。ザックを下ろして、木漏れ日のなかで、シャーベットになったミカンを食べた。

大きなイノシシの足跡がひと続き、二次林の森を徘徊していた。稜線の低くなったところには鹿のアシも多い。待ち伏せしたら鹿に出会えそうだ。相又川までゆるく伸びている尾根に目星をつけて下りはじめる。山肌は植林帯になり、作業用の踏跡をたどって、目論見どおり林道の終点に降り立った。心の奥では、何らかの小屋があるのではないかと期待していたが、その気配はない。河原に生えた常緑広葉樹の風下だけ雪が少なく、足で払うと落ち葉が出てきた。雪のない地面を広げて寝床をつくった。空は快晴だ。雨も雪も降らないと踏んで、片落としにタープを張った。開いた側で焚き火をすると、タープが熱を反射して暖かいのだ。

いよいよサバイバルスタイルでの積雪期最初の野宿になる。薪を集めていて、ヒラタケを見つけた。二月にキノコを見つけたのは初めてだ。さらにその薪を切りそろえていると小指ほどのテッポウムシ（カミキリムシの幼虫）が出てきた。夕食のオカズの彩《いろど》りだ。いやテッポウムシはデザートにしよう。

火を熾こし、お茶を沸かして米を炊く。鹿肉を出し、今晩も鹿刺しと焼き肉の鹿肉パーティである。鹿肉とキノコを炒め、刺身をつまみつつ夕食。精神的な余裕がたりなくて、食事も仕事のようになってしまう。日が暮れる頃、待望の?テッポウムシを軽くあぶって口に放り込んだ。カミキリムシの幼虫だと知らなければクリーミーでかなり旨い食べ物なのだろう。でも、やっぱり気味悪い。

焚き火をしっかり熾こしているので寒さは感じなかった。濡れものを乾かすこともできるので、今のところテント泊よりよっぽど快適だ。足元に転がった木の枝を削って爪楊枝《つまようじ》を作り、歯に挟まった肉の筋を取る。歯を磨き、お茶を飲んだ。お湯を沸かしなおし、熱湯を水筒に入れて使わない衣服でくるんでからシュラフに入れる。そして、シュラフに潜り込んだ。

気温は下がっているが、焚き火の周りに冬の寒さはない。夏に比べれば長い夜になるが火がついていれば、目が見えなくて困ることもない。

遠くでかすかにケモノの気配がする。おそらく鹿だろう。彼らは暗闇でも目が見える。夜目が利かないのは、色を見ることができる生き物だという。木の実を食べ物にする鳥や霊長類の多くがそれにあたり、人間もそこに含まれている。森の中で木の実を見つけ出すために、私たちの祖先は暗闇でものを見ることを捨てたのだ。ヒトが生きるための戦略として色を選んだのなら、私がいま暗闇におびえるのも仕方がない。

山村のそばで　二月六日

朝起きると、空にはどんよりとした雲が広がっていた。冬期サバイバル登山開始から六日目。山奥の廃屋を使わないで過ごした最初の晩が明けた。夜中、焚き火をしていたので、寒いことはなかった。朝食の準備もすぐにはじめられる。

朝食後、荷物をまとめ、野営地から裏の斜面に取り付いた。背にしている山を越え、反対側の大《おお》城《しろ》川まで移動するのが今日の予定だ。急なササの斜面をケモノ道を使って登っていく。傾斜がゆるむ頃にササもとぎれ、樹林帯になった。雪の上に多数のアシを確認できるが、ケモノの気配はない。

なかでも目を引くのは大きなイノシシのアシだ。現在の日本で「イノシシのアシ」といって、どのくらいの人がイメージできるのだろうか。豚足を食べ慣れた人なら、少しは想像がつくと思う。だが、鹿の足跡との違いとなるとどうだろう。鹿もカモシカもイノシシも偶蹄目に属し、基本的な足の作りは同じである。足の前側に大きな二つの蹄《ひづめ》があり、後ろ側に小さな二つの蹴爪《けづめ》がある。イノシシは前の蹄が湾曲しており、蹴爪が地面に近い。蹴爪がはっきり地面や雪面についていればイノシシだ。一方、鹿やカモシカはフラットな地面なら前側の蹄しか足跡として残らない。これらに先述した「アシ」全体の流れみたいなものをあわせると、慣れてくれば一目でイノシシか鹿かは見分けられるようになる。

いま、目の前のアシは新しい。足の裏についた泥を雪面に残して進んでいる。私はまだ単独でイノシシを仕留めたことがない。イノシシの肉はとてもおいしい。

徘徊するイノシシを追うように稜線を慎重に進んだ。だが、イノシシが尾根上でうろうろしているところには出会えなかった。大城川の最上流集落「大城」が樹林の隙間からかすかに見えた。その奥にはまた別の山がそびえ、さらにその奥が七面山《しちめんざん》（一九八九メートル）だ。深い積雪を避け、標高の低いところを上手くつないで北上するには、大城の集落を抜けるしかない。

狩猟というのは基本的にローカルな行為だ。まず、ケモノ道の成り立ちを把握していないと形にならない。犬をかけたら回収しなくてはならないが、犬は数日帰ってこないこともある。ケモノの出没情報を得るのにも地域の協力が必要だ。猟師によっては自分の猟場に米糠《ぬか》などを撒いてケモノを寄せておく人もいる。単独渉猟するならともかく、巻き狩りをするのはよそ者には難しい。

猟師と猟場はあわせてひとつと言うことができ、自分の猟場によそから来た鉄砲撃ちが入って喜ぶ猟師はあまりいない。猟師じゃなくても、鉄砲をもった知らない人間に村内をうろつかれて気持ちのいい人はいないだろう。サバイバル登山では他人に会わずに登山を続けたい。それは、自分の力で登山を作り上げたいからだ。そして、山から食料を得ているという引け目からでもある。少なくとも里山においては、そこに棲んでいたり生えていたりする生き物は山村の共有財産だと私は思っている。よそ者が来て、勝手に捕って食べてしまうのは心苦しい。

鉄砲をもった状態で村の人に目撃されるという事態は避けたかった。尾根を下り、村に近づいたところで、鉄砲を分解してザックにしまった。

村のはずれに納屋などがあったら一夜の宿に借りようかと思っていたが、実生活に使われている納屋と、山奥の廃屋とを一緒に考えるのは無理だった。焚き火を熾こして米を炊いていたら変質者である。村を回り込んで、対岸の山に入るべく、林道を急ぎ、茶畑をぬけると、舗装路に出た。

車が数台走り去っていった。自分が運転席から奇異の目で見られているような気がする。大きなザックを背負ったひげづらの男。有名山岳の麓ではないので登山者はまれなはずだ。しかも真冬である。若い頃は何をやっても大目に見てもらえた。若さの特権というやつだ。少し前までは、学生に間違えられることもあったが、すでに三八歳。若いというだけで愛され、受け入れられる年齢はとうに過ぎた。

身を小さくして、村内を歩いた。どう見ても空き屋、ほとんど廃屋という家がある。今晩使わせてもらえたらかなり快適な夜を過ごすことができるのに……。村を抜け、山にはいると舗装路は砂利道に変わり、軽トラックが通った跡があった。ところどころに人と犬の足跡がついている。地元の猟師が見回っているのだろう。

地図に記述されている沢沿いの道は崩れて消えていた。そのまま沢に下り、少し溯《さかのぼ》って、古い堰堤を越えた広場で泊まることにした。ちょうど両岸から尾根がせり出してくる場所で、ケモノの通り道になっている。周辺には新しい鹿の足跡がたくさんついていた。ここで二日もねばれば、鹿を仕留めることができそうだ。待ち伏せで潜むのに良さそうな地形をつい捜してしまう。急所を見渡せて、しかも尾根を下ってくる鹿からは見えにくく、かつ、ゆったりとくつろいでいられる場所。まだ鹿の肉はある。今日は泊まらせてもらうだけで充分だ。雪の消えた平らな場所を見つけてタープを張る。空はどんよりとしているが、片落としでいいだろう。

薪を集めて火を熾こす頃に雪が降り出した。低気圧からと思われる雪はすぐに大きな雪片になり、世界を白く染めていった。

タープの下で薪を切りそろえながら、雪を眺めた。焚き火の熱がタープに当たり、積もった雪を溶かして流す。雪が降ってもタープで充分快適だ。すぐ上の斜面で鹿が鳴いた。完全な警戒音。ここを通過したいのに、私ががさごそやっているので気分を害しているのだろう。やはり静かに座っていれば、鹿を仕留められたかもしれない。

善と悪の先　二月七日

夜中に大きな鹿がすぐ近くを歩いている気配がして、寝返りを打ったら、ほんの二メートルくらいのところで、ピイと叫び、駆けていった。驚いたのはこちらも同じである。

雪は世界をうっすら白くする程度でやんでいた。鹿肉のストックはあと二日ぶんといった程度。そろそろつぎの獲物がほしいところだ。今日は七面山の麓までいく予定である。今日の行程は保護区にも休猟区にも入っていない。気持ちに猟欲の割合を増やして出発だ。

ケモノの足跡に注意しながら、山村の裏山を登っていく。植林のなかにはところどころにアシが残っているが、すこし時間が経ったもので有望とは言いがたい。昨晩、タープのそばを歩いていった鹿がこの山に入っているはずだ。標高を上げると、右下の斜面で鹿がピイと鳴いた。近い。五〇メートルほどだろうか。そっと荷物を置き、銃を手にゆっくりとのぞき込むように声のほうに移動してみる。できるだけ足音を立てたくないのだが、そんなときにかぎって枯れ枝が足の下で折れてしまう。

もう一度、鹿がピイと鳴いた。少し遠ざかっているだろうか。歩調を速めた。かなり下のほうから、がさがさとケモノが歩く音が聞こえてきたが、その姿はヤブに隠れて見えなかった。

こちらの存在に気がついている鹿を追いかけて撃ったことも何度かあるが、仕留めたことはない。狩猟者と一定以上の距離を取っている鹿は、走って逃げることはなく、ピイ、ピイと警戒音を発しながら歩いて遠ざかっていく。その気になって追いかければ、ちらりと姿を見ることもできるが、彼らの大きな耳は追跡者の物音を正確に捉えていて、撃ちかけるのはむずかしい。

ザックに戻り登山を続ける。作業道のような道があり、数日前と思われる人の足跡が残っていた。名のあるピークにつながるわけではないこの道を誰が歩いたのだろう。

風は冷たいが空は晴れわたっていた。杉の植林帯を抜けたので雪の反射が目に痛い。本日の最高地点、標高一〇三〇メートル。積雪は膝くらい。地図にはある登山道を見つけることはできなかった。先行者の足跡もすでに途切れている。目星をつけて尾根を下ると、うっすらと赤いペンキをつけた樹がときどき確認できた。道は廃道になってずいぶん経つようだ。

鹿と思われる足跡がときどき気まぐれに雪面を横切っている。

地図を見て、うまく春木川《はるき》におりられそうな地形に狙いをつけた。日当たりのよい斜面には雪が少ない。葉を落とした樹林、眼下には春木川が広がっている。

細い尾根に入ったところで、新しいアシがふた筋つづいていた。足跡は雪にハッキリと足型を印し、蹴られた雪片がまだ鋭い角《かど》を残している。

雪片にそっと手を伸ばし軽く触れてみる。力を加えることなく雪片は倒れた。雪は時間が経てば融着する。このアシは新しい。

狩猟をはじめたばかりのころ、足跡はしょせん痕跡であり、すでにそこを通過した過去の残骸だと、私は考えていた。単独猟で獲物に出会うためにはケモノを追いかけても難しい。通過した痕跡ではなく、これから通過する未来を予測しなくてはダメなのではないかと思っていたのだ。

だが、単独の渉猟をくり返すうちに、新しい足跡が目についたときにケモノと出会う確率が高いことを意識させられた。新しそうなアシを見たあとに、ヤブを逃げるケモノの音を聞いたり、姿を見たりすることが多いのである。新しいアシはそれだけでケモノが近いことを示している。確固たる目的地をもたないケモノの移動範囲はそれほど広くはなく、速度もそれほど速くないのではないかと今は考えている。

そっと細い尾根をおりていった。日影側に鹿がいるのではないかと予想して、日向側の斜面を進み、ときどき尾根に上がって、逆側の斜面をのぞき込んだ。

鹿はいなかった。足跡の感じからして一キロ以内にはいそうな気がするのだが、足跡は行ったり来たりしていて、私の目ではどちらに抜けているか同定することができなかった。

そんなことを考えながらアシを観察しているとき、日向側の斜面の下でなにかが動いた気がした。身動きをゼロにして目だけでうかがってみる。目の筋肉が疲れたら、そっと首だけを動かしていく。いた。二〇〇メートルほど下の日向側の斜面に、鹿がいた。中くらいの大きさだろうか。撃つには遠すぎる。こちらには気がついていないようだ。そのまま気がつかれないように日影側の斜面に回り込んで接近できるだろうか。

ゆっくり体を沈めていった。気がつかれずにしゃがめたと思う。狩りの興奮が身体にみなぎってくる。ザックを下ろし、尾根の逆側に四つんばいで移動した。こういうとき降ったばかりの雪はありがたい。音を立てないように日影側の斜面に出て、弾を装塡し、安全装置をかける。念のため尾根から距離を取って足早に下り、目星をつけてゆっくりと尾根に登り返した。音を立てたり、気取られたりしたら、跳《と》ばれて（走られて）しまう。だがあんまりゆっくりしていたら、どこか別のところに行ってしまうかもしれない。

尾根まで這い上がった。顔を出す前に、のぞき込んだら鹿がどう見えるかすばやく想像した。イメージもってのぞくかイメージをもたずにのぞくかで、見えるものは違ってくる。それを私は少年期のザリガニ捕りで学んだ。だが、鹿がどう見るのか、うまくイメージできなかった。

ゆっくりと、ごくゆっくりと頭を上げていった。目玉が頭のてっぺんについていればいいのにと思う。

鹿の姿は見えなかった。「どこかいっちゃったか？」と思った瞬間だった。さっきより少し進んだ低い灌木のなかに鹿がいた。距離は三〇メートルほどだろうか。もっとあるか？　頭を下げて雪のなかをまさぐっているように見える。気取られる前に早く、と銃をあげた。

鹿は私に気がついたかのようにこちらに顔を向けた。

まずい、と思った。だが鹿は動かなかった。狙いが完全に定まったわけではなかったが、引き金を引くしかなかった。

開けた谷間に銃声が軽く吸い込まれていった。

鹿は斜面を下るように駆けていく。

ダメか？　次弾を送り込みながら、立ち上がり、走った。鹿がいたところまで来ると、雪面に赤い点がとんでいた。

「入った！」

希望とともに視界まで開けるような感じがする。その先の血痕を探すようにすばやく視線を送ると雪の上に座ったような跡があり、そこに大きな血だまりがあった。そこから雪上を引きずられるように血の跡は右に移動している。目で追っていくと、下の大きな樹の根本で、鹿がしゃがんでこちらを見ていた。最初の血痕を見つけてから、ここまでのあいだ、約〇・五秒。

鹿に向かって一歩踏み出そうとしたところで、ナイフをもっていないことに気がついた。下りるのをやめて、尾根を見上げた、ザックは遠いが仕方がない。安全装置をかけ、銃床を下に銃を雪面に突き刺して、斜面を駆け上った。ザックに戻り、ナイフとロープを出して、すぐに引き返す。

鹿は同じところにしゃがんでいた。

「動けませんか」と話しかけてみる。

私が近づくと、鹿は不器用に立ち上がって、二歩ほど這うように進んでまたしゃがんだ。前足が二本とも機能していなかった。そしてちらりと私を見て、もう一度体をあげ、転げるように雪の斜面を下りていった。落ちていったというほうが正確かもしれない。鹿の落下は一〇メートルほど下の斜度のゆるくなった木の根元で止まり、また感情のないまなざしで私を見上げた。

脅さないように、ゆっくり回り込みながら鹿に近づいていった。鹿のうえ三メートルほどのところまできた。これ以上近づいたら、またさっきと同じことがくり返されるだろう。

小さな角が出ていた。二歳の雄といったところか。呼吸を二回。その角めざして、飛び込むように鹿の横に滑り込んだ。鹿も立ち上がろうとしたが、不自由な前足では私のほうが速かった。左手を首に回し体重をかけた。だが、狙った角をつかみ損ね、鹿が首を回した。右手で角をつかもうとするのだがうまく押さえられない。鹿は後ろ足で立とうとしている。角がヤッケのズボンに引っかかり小さく破け、引っ掻かれたような痛みが腿《もも》に走った。そのとき、右手が角をつかみ、体重を預けるように押さえつけることができた。

角を左手にもち替え、不器用な態勢で、ウエストポーチのナイフを探る。鹿も必死だろうが、私も必死だ。ナイフを出し、ざっくり首に刺し込んだ。このタイミングで鹿が鳴くのは経験済みだ。ぼへへへぇという鈍い叫び声が左手に響いてくる。躊躇することなくナイフを手前にスライドさせた。頸動脈だけでなく、気管と食道まで一緒に切ってしまったが、これも想定内である。

頸動脈から脈打つテンポで血が流れ出し、すこしずつ鹿の体から力が抜けていく。それにあわせて私も首を押さえる腕の力を抜いていった。鹿がぐったりしたところで、頭側を斜面の下に向け、足をつかんでロープで縛り、樹に固定した。滑落防止の処置を終えて、鹿をのぞき込むと、すでに目から光が消えていた。

私だけが取り残されたような感覚があたりに満ちていた。カラマツ林の日向斜面は、ところどころ雪が消えかけていた。雪面には鹿の足跡が四方へ続いていた。この鹿の過去の足跡だろう。雪に反射する日の光が急にうっとうしかった。

いったんザックを取りに戻った。雪面には私と鹿のやりとりがありありと残っていた。私は許されない。こんなことをして許されるわけがない。頭で考える理屈はともかく、殺生行為そのものに「善」を見つけ出すのは難しい。

ザックを背負って戻っても、鹿はカラマツの下に横たわっていた。もう動かない鹿というのは、なんとも不自然で、鹿とは違う別のもののような気がする。ほんの数分前までは鹿は鹿だった。そのギャップが私を静かに混乱させる。

もう一本の足にロープを結び、そのロープをカラマツの枝にかけ、足を引き上げる。重くてなかなか上がらない。適当に固定して、今度は、最初にかけたロープを引き上げる。そんなことを交互にくり返しながら、重い鹿を、首が雪面につく程度に吊るし、内臓を出しにかかった。

この山行二頭目の鹿の内臓を出した。弾は右前足の付け根近くに当たり、胸をえぐるようにかすめて、左足も破壊していた。心臓に弾は当たっていなかったが、出してみるとアザのような内出血がみられた。肋骨の一部に弾がかすっていた影響だろう。おそらく心臓を直接叩かれたような強い衝撃があったのではないだろうか。鹿がかがみ込んでいたのもうなずける。

いつものように内臓をバラバラに埋めた。内臓を出したとはいえ、獲物を尾根の上まで一人で引きずり上げるのは無理そうだった。緩い斜面を選ぶように鹿を引きずって下りた。

春木川に降り立ち、鹿を引きずりながら下流に向かって下っていった。春木川は広い河原になっていて、膝ぐらいまでの積雪である。二〇〇メートルほど下流に、植林地帯が見えていた。そこまで行けば積雪の少ないところがあるだろう、という予想どおり、というか幸運なことに大きなスギの下に、地面が見えていた。しかもその雪のない小さな平地の前が焚き火をしろといわんばかりに少しえぐれている。焚き火は寝床より少し低いところで熾こすと暖かいのだ。

鹿を近くの木に吊し、雪原の河原から、立ち枯れの木を三本切ってきた。

天気は崩れそうにないので、タープは風雪よけではなく、コの字に張った。こうすると焚き火の熱を反射して暖かい（一三四頁写真）。

吊り下げた鹿から、ブロックの大きな肉を外していった。腿の大きなブロック、前足の大きなブロック、背ロース、内ロース、心臓はビニールにわけてとっておいてある。今日は頭を焚き火でじっくりあぶって、脳味噌も食べてみよう。昨シーズン、鹿の頭を大鍋でゆで、延髄の穴からスプーンを入れて、半熟卵を食べるように脳味噌を食べてみた。こってりしすぎているので、たくさんは食べられないが、うまかった。目玉と目の神経系もうまい。脳のまわりの膜類はおいしくなかった。八歳と六歳の息子は気味悪がって食べなかったが、三歳の娘は嬉しそうに食べていた。カレーにこっそりいれておいたので、最終的には家族全員食べたことになる。

燻火でじっくり焼いた頭を石で割って、脳を掘り出し、口に運ぶ。どうもぱさぱさしておいしくない。脊髄の穴からうま味の肉汁（脳汁？）が流れ出してしまったようだ。

心臓を刺身と塩焼きにする。内ロースも刺身。今日は久しぶりに豪勢だ。とはいってもこれだけの肉を食べるのは必死である。

遠くの斜面を鹿が四頭歩いていくのが見える。途中で一頭だけが、回れ右して来たほうに戻っていった。

アスファルト　二月八日

夜は快晴で、星の隙間を人工衛星の小さな光がゆっくり進んでいくのが見えるほどだった。そのぶん放射冷却で気温が下がり、夜半を過ぎて薪が足りなくなってしまった。

シュラフとシュラフカバーにすっぽり入って、入り口を小さく閉じた。呼気の当たる部分は内側が濡れ、外側が凍りついている。朝シュラフから抜け出すと、ペチャポリ（小さくたためる袋状の水筒）の水が巨大なダイヤモンドのようにガチンガチンになっていた。木に吊していた鹿も完全に凍っている。ためしに鹿に包丁を当ててみるが、まったく歯が立たない。包丁は包丁で、二頭の鹿を解体したのでもう刃が落ちていた。夏は釣り具入れのなかに小さな砥石を入れているが、今回、釣り具といっしょに砥石も置いてきてしまった。

カチカチに凍った靴を履き、震えながら、立ち枯れを一本切ってきて、焚き火を熾こしなおした。下流の左手に、七面山が大きくそびえている。

間ノ岳まで行くことはとうの昔にあきらめていたが、この山行を締めくくるためにも、ひとつくらい名のあるピークに登りたかった。そこで最終目標を南アルプスの笊《ざる》ヶ岳に変更した。笊ヶ岳は白峰南嶺《しらねなんれい》（赤石山脈を構成する二本の大きな山稜の一つ）の秀峰であり、目標の山として遜色ない。当初の計画からすれば半分以下のシフトダウンだが、最後は山頂に立ち、冬のサバイバル登山という試みを、ひとまとまりの山旅として終えたかった。

目標の笊ヶ岳に行くには、目の前の七面山の稜線を越えるか、七面山を大きく回り込まなくてはならない。霊山として有名な七面山は、真冬の今、どうなっているのだろう。巡礼者や登山者はいるのだろうか。

回り込むなら車道を歩くことになる。サバイバル登山の意味を考えるなら、雪の稜線を越えていくべきだ。だが、標高二〇〇〇メートルの稜線を越えたら、それだけで日程も体力も使い果たしてしまうだろう。七面山は霊山としてたくさんの巡礼者を迎え入れる山でもある。冬はどうなっているのかわからないが、山頂近くに大きな寺があって、そこには通年人がいることは確かだ。山頂まで林道も走っていて、車による物資のやりとりもあるらしい。いま登る山としてはピンとこない。何度も地図を見て、なにか妙案がないかと考えた。しかし地図上に光り輝くラインを見つけ出すことはできなかった。

吊していた鹿を降ろした。バラバラにしようとしたが、がちがちに凍っていてできなかった。対岸の森のなかにもって行って、別れを告げた。

ザックを背負い、春木川を下降する。三〇分も歩いたら、砂防ダムの工事をしていた。朝早くから大きなザックを背負った人間が山から下りてきたので、工事の関係者は遠巻きに見ている。軽く会釈だけして先を急いだ。

七面山の登山口はしっかり雪が踏まれていた。どうやら真冬でも巡礼者は絶えないようだ。万一のときは中腹にある寺の軒下で宿泊することも考えていたが、焚き火は無理だろう。それにしても、人のつくった家屋というものは魅力的だ。サバイバル登山に来たつもりなのに、ヒマがあれば入り込めそうな家屋を探している。ルンペン登山家と名前を変えたほうがいいかもしれない。

さらに道を下っていく。宿坊の狭い道路を国産高級車がかなりの勢いで上がってきて、私はよけるように道の端によった。肉と分解した猟銃でザックはぱんぱん、道の脇には汚れた雪が積まれている。高級車の運転手は私のほうを見ることもなく、「どけ」と言っているのが口の動きからはっきりわかった。この霊山は御利益がありそうだ。

私も意識のスイッチをいくつか切って、ただ歩みを進めた。車道を黙々と歩いていく。ときおり車がすごいスピードで通りすぎていく。銃声もうるさいが、車の騒音もとてもうるさい。やはりこの二つは同じ種類の発明品だ。遠くに白峰三山が白く輝いて見えていた。あの峰に至るのをあきらめた身としては、その白さが目にしみた。

雨畑湖《あまはた》への枝道に分かれても、ただ歩いた。ザックが重い。ときどきコンパスを出して太陽の位置を確認する。真南からどれだけ太陽がずれているかで大ざっぱな時間がわかる。二月初頭の東京の日の出は六時半頃、日の入りが一七時過ぎといったあたりだ。面倒なので七時から一七時までが日照時間として一〇時間。細かいことを言いはじめると微妙なことになるのだろうが、コンパスの角度で一〇度強を一時間としておおよその時間がわかることになる。もっと言うなら時間がわかる必要はない。南中から太陽が東西にどれだけずれているかをみて、日没までどのくらいの猶予があるのか計算できればいい。この山行では、南中から二〇度以上西に太陽が傾いていたら、宿泊の準備をいそぐことにしていた。

太陽は南中を過ぎていたが、私はようやく雨畑湖にいた。馬場の集落から老平《おいたいら》の集落への道をいく。道路の途中にぽつんとベンチがおかれていて、そこにおじいさんが一人座っていた。通り過ぎるときに会釈をしながら、小さく「こんちは」というと、「ザルに登るか」とおじいさんが話しかけてきた。

「ええ、そのつもりです」と私は立ち止まって答えた。

「雪がな……」とだけ老人はゆっくり言った。なんだか少し嬉しそうだった。

「登れないかもしれません」と私も言った。

「ああ、えらいな……」とおじいさんは山の上のほうをみながらゆっくり続けた。おじいさんのまわりだけ完全にスローモーションだった。だがそれは山の状況を想像しながら話しているためだと私にはわかった。おじいさんは以前、積雪の笊ヶ岳に登った経験がある。私はこれからそれを経験しようとしている。現在を挟んだ過去と未来という時空の隔たりを超えて、私たちは同じ体験を共有する仲間であり、その仲間にしかわからない熱量のようなものがそこにある気がした。

おじいさんとの会話が、家を出て以来、久しぶりに会話と呼べるものだったことに、すこし歩いてから気がついた。あれから私は鹿を二頭殺して、ここにいる。会話をしないあいだに自分のなかに増えた体験が、時間の妙を意識させ、なんだか落ちつきの悪い感じがする。

じつは一つの目標があって、アスファルトの上を必死で歩いてきた。五万分の一地形図で老平集落の奥に家屋の記号があり、別の地図でそこに「廃屋」と説明がついていたことを覚えていたのだ。温井山荘別館廃屋をあとにしてから野宿で三晩をすごし、笊ケ岳の麓まで来てまだ、私はなんとか廃屋で夜を過ごせないものかとたくらんでいた。

林道の雪の上には新しい轍と人の足跡と犬の足跡がついていた。スパイク長靴の跡とニオイを取るような犬の歩き方からいって、猟師と猟犬と思われた。もしかしたら奥の小屋を使っているのかもしれない。

林道の終点に予想した廃屋はなく、新しい轍《わだち》が残り、オリ型の罠が放置されていた。ここで泊まろうかと思ったが、どうも宿泊地としてしっくりこなかった。まだ宿泊適地はあるだろうと踏んで、登山道を進むことにした。すこし行くと茶畑があらわれ、木造の古い家がふたつ建っていた。これが地図にある廃屋のようだ。だが廃屋というより、古民家といえた。庭にスパイク長靴と猟犬の足跡があったが、家屋に近づいた形跡はない。雨戸を引いてみると開いてしまった。なかは板の間でうっすらとホコリをかぶっている。少々の罪悪感を感じつつ、足を踏み入れた。囲炉裏は健在。ヤカンもナベも使えそうだ。カビとホコリの臭いが長い期間、誰も使用していなかったことを示している。一夜の宿を貸してもらうくらい問題ないだろうと思って入り込み、荷物を下ろすとすっかり気持ちはくつろぎはじめ、まだ日のあるうちにと、濡れものを縁側に広げた、そのときだった。

私が歩いてきた道をひとりのおじさんが歩いてきた。見た感じから登山者ではなく、完全に村の人だった。くつろぎモードに入ろうとしていた私はあわててあいさつした。こんなとき、まず何よりもあいさつが大切である。

「登山をしているんですが、空き家なので一晩泊めさせてもらいたいのですが、大丈夫でしょうか」とかなりへりくだって、私は聞いた。

おじさんは「そうか」という感じで聞いていたが、どうかなという具合の返答しかせず、そのまま登山道を奥に入っていった。

よくわからなかったが、村の関係者がそれとなく了解したととらえることにした。少しだけ気持ちが軽くなり、私は囲炉裏に火を熾こした。お茶を沸かし、米を炊き、暗くなる前に夕食を済ましてしまおうと用意をいそいでいるときに「おい」と声をかけられた。

ビクッとして顔を上げると縁側の向こうにさっきのおじさんが立っていた。逆光で表情を読み取ることはできなかったが、友好的とは言いがたい雰囲気がただよっていた。

「泊まるっていうから、ちょっと寝るだけかと思ったら、本格的に火まで熾こしてるのか」

「いや、あの」

おじさんは長靴を脱いで入り込んできた。そして、家のなかをぐるりと眺め回し、私が広げたナベや登山道具に一瞥を投げた。

「こんな家でも、いちおう持ち主がいるんだぞ」

「はあ」

「寝るだけならともかく、火まで熾こすんじゃ、無断というわけにはいかないだろう」

「村に持ち主の方がいらっしゃるなら、事後承諾になりますが、登山後にあいさつして……」

おじさんは答えなかった。私は面倒くさいことになりそうだと、うんざりしていたが、それを顔には出さないように努力した。というより、お金のない哀れな登山者を必死で演じていた。まま、いいやと見逃してくれたら、家も出発前と同じにして、明日の朝、何事もなかったように立ち去るだけだ。

「持ち主はいま村に住んでいないが、親戚筋のうちは知っている。おそらくここの管理を任されていると思う。これから下りるから、一緒に行って泊まっていいか聞いてみたらどうだ」とおじさんは言った。

見逃してくれる気はなさそうだった。私はできるだけ相手の気分を害さないように「はい、そうさせてもらいます」と答えた。そして「そのほうが僕も気持ちがすっきりします」と続けた。ウソではなかったが、どちらかといえばおじさんの提案が私にとっても前向きなものだと示すことで、ゴマをすったつもりだった。

だが、おじさんは私の顔を珍しいものでも眺めるように見てから「あんたの気持ちは関係ない」と抑揚なく言った。

林道終点に停めてある車に向かう道すがらケモノの足跡のことをおじさんに聞いてみた。このあたりは鹿もイノシシもカモシカも熊もいるらしい。村のはずれに小屋を建てて、単独猟をしている猟師がいるとのことだった。おそらくさっきの足跡の主だろう。

おじさんの車に乗り込むと、車の時計が一六時過ぎを指していた。あたりを見回して、このぐらいで四時過ぎかと思った。車のラジオが、明日から天気が悪化すると告げている。それを聞いたおじさんが、かなり荒れるらしいと、もう少し詳しい情報を教えてくれた。

車は村のはずれで停まり、おじさんが下りたので私も下りた。ある家の玄関に立ち、おじさんは呼び鈴など押さずに玄関を開けて人を呼んだ。その後ろで私はできるだけ小さくなっていた。

「奥の家の前を通ったら、登山者が入り込んでるんで、ひと声かけておいたらどうだって連れてきたんだが……」

私は一歩前に出て、笊ヶ岳に登りたいんですが、今晩一晩だけ使わせてくださいと、できるだけ弱々しく同情を買わんとばかりに訴えてみた。だが、出てきたおばさんは難しそうな顔をして「私は決められないんだよね」といった。

「そこを何とかお願いできませんか。火元はもちろん、家も使用前とかわらないようにしておきますので」

「私は決められないんだよね」とおばさんはくり返すだけだった。

おじさんの顔色をうかがうと、こんなはずじゃなかったという感じが見てとれた。おそらく私をここに連れてきて、頭を下げさせれば、使用許可が出ると思っていたのだろう。何となく自分の影響力みたいなものを私に示せると思ったのかもしれない。だが、目の前のおばさんは自分に責任がおよぶのを避けることしか考えていないようだった。おじさんはおじさんで、だからといって、これ以上この話に入って来る気はなさそうだった。

「すいませんでした、荷物をまとめて戸締まりしておきますので」と私はいって、その家をあとにした。おじさんは私を気の毒がるそぶりもなく、仕方がないなという感じで車に戻った。

「どうするの」と聞くので「適当にごろ寝します」とつっけんどんに答えた。もうかまってくれるなという雰囲気を語尾に感じとってくれたのだろう、おじさんはそれじゃあという感じで車に乗って行ってしまった。別に野宿するなら彼らにこびる必要はない。

ここから林道と登山道を歩いて奥の廃屋まで戻るのに三〇分近くはかかるはずだ。そう思うとうんざりだった。日のあるうちに戻れるのだろうか。私は林道を駆けだした。

走りながら、ある意味でありがたかったと思った。使われていない廃屋とはいえ、勝手にはいるのはやっぱり許されない。しかも廃屋を使うのは、他人の力に頼って登山を作り上げるようなものだ。さっきのおばさんだって、自分のものでもない家に使用許可が出せるわけがない。火事にでもなったらそれこそ責任の取りようがない。

これで腹が決まった。ようやくほんとうの冬のサバイバル登山をするときがやってきたのだ。

薄暗くなった頃に廃屋にたどり着き、荷物をまとめた。道を走っていたときは、気持ちも高ぶっていたが、いよいよひとりになると、もう登山をやめて下山するってのも選択肢のひとつだな、と弱気がもたげてきた。この先、標高の高いところで夜を過ごすことなどほんとうにできるのだろうか。天気も悪くなるらしい。今のうちに村まで下りて、バス停で夜を明かして、朝一番のバスで家に帰るというのも魅力的だ。

だが、ザックに入れようとした肉の袋が重かった。私の手元には肉がある。登山食料として撃たれてこの世から消え去った二つの命のなれの果てだ。

火元を確認し雨戸を閉めた。廃屋から五〇メートルほど山側に山の神がまつられていて、その前が小さな広場になっていた。私はそこで朝を待つことにした。

雪のなかへ　二月九日

渓沿いの凍った登山道をたどっていった。崖の上から垂れた氷が道をふさいでおり、足元が下の河原まで一〇〇メートルほどスッパリ切れ落ちていた。登山の装備がそろっていれば何でもないが、スパイク靴ではおそろしい。氷柱を抱えるようにして、おそるおそる回り込んだ。登山道には鹿の足跡がついていたが、銃はザックにしまってある。

道が渓に近づき、流れを渡るときに水を汲んで、尾根に取り付いた。つづら折りの登山道をたどっていくが、いそぐべきなのか否か、考えが定まらない。焚き火で野宿できるところがあるか、不安なためだ。

すでに積雪は膝ほどだった。このまま標高を上げれば、どんどん積雪は増えていくはずだ。地図では標高一二〇〇メートルの尾根上が平らになっている。そこの雪を踏み固めて寝床を作る、といったくらいしか候補が思い浮かばなかった。天気は昨日おじさんが言っていたように、悪化傾向にあるようだ。空はどんよりと曇っていて、いつ雪が舞いだしてもおかしくない。

つづら折りをたどって、標高を上げ、そろそろ一二〇〇メートルの平らかなと思う頃だった。急斜面につけられた登山道に大岩が覆い被さり、そこだけ積雪が少なかった。その気になれば泊まれなくもない有望な候補地だな、と評価しながら数歩あゆみ進めたあと、すごい宿泊適地に思えてきて、大岩のところに戻ってみた。

岩小屋とはいえないが大岩が降雪を防いでくれそうだ。悪天になることを考えればベストといえるかもしれない。

大岩の割れ目に木の枝をたたき込んで支点とし、タープを張った。岩をどかして地面をならし、立ち枯れを切り出してくると、何とか生活できそうだった。

いらない荷物を置いて、トレース（雪上の足跡）をつけに行くことにした。すでに積雪はかなりの量になっているが、この先雪が降るなら、ラッセルはもっと深くなる。できるかぎり雪を踏んでおかないと、明日以降、登山にならなくなる。

鉄砲だけを背負って登っていった。本格的に天気が悪くなったら、今つけているトレースさえ雪に埋まってわからなくなるだろう。それでも汗だくになりながら、もさもさと雪を踏みしめて登った。甲斐のないことをしているのかもしれないが、二頭の鹿のことを考えると私に怠慢は許されない。

濃い灰色だった空からゆっくりと雪が舞い出し、すぐに吹雪になった。樹林が切れるところでは、かなりの風が吹いている。降雪に霞む尾根を忠実にたどり、これ以上登ると、暗くなるまえに帰れなくなるだろうというところで、後ろ髪を引かれつつ、まわれ右した。

明日以降登ることを考えて、帰りも歩幅を小さく雪を踏んだ。吹雪はどうしてだと思うほど強くなってしまい、トレースにも雪が降り積もって、すでに丸みを帯びていた。

泊まり場に戻ると予想外のひどいことがおこっていた。大岩の上の斜面を滑り落ちたチリ雪崩（新雪が起こす小さな雪崩）がタープを直撃し、今にもつぶそうとしていたのだ。風に運ばれた雪は、タープの下にも降り込んで、装備をうっすら白くしている。スコップは雪山の基本装備だが、今回は軽量化のためにもってきていない。足で雪を蹴散らし、タープの下に潜り込んで下から雪を押し出した。切り出しておいた立ち枯れの木も雪に埋まっている。掘り出す合間にも上の斜面からチリ雪崩が落ちてきて世界を真っ白にしてしまう。

ほんとうにこんなところで、夜を過ごせるのだろうか。すでに夜のとばりがおりはじめ、こうなってしまっては宿泊地を変えるほうがダメージは大きそうだ。

着火剤を奮発してなんとか火を熾こした。すでに暗く、焚き火の明かりだけでは手元がおぼつかない。手探り半分でお茶を沸かし、米を炊く。

「さーっ」という雪の降る音が、小さく低く、だが圧倒的に世界を支配している。ときどき樹林を抜けてきた風がタープを揺らし、その風に少し遅れてチリ雪崩が落ちてくる。タープに乗った雪を下から長い薪で押して落とす。テントと違いタープは角度がないので、雪が自然に落ちてくれない。このあとも一晩中、雪おろしが必要なのだろうか。

鹿肉も手探りで切り、フライパンで焼いて食べた。粉雪が舞い散っているタープの下を適当に整えて、シュラフに潜り込んだ。半ばやけくそである。すぐに眠りがやってきて、ふと気がつくと、焚き火が燃え尽きかけていた。シュラフを這いだし、薪をくべる。タープに積もった雪を下から叩いて落とし、ついでに排尿。雪は気持ちよく降りつづいている。ときおりチリ雪崩が斜面を滑っていく。寝床は大岩の陰になっているが、チリ雪崩はタープの半分を叩き、舞い上がった粉雪が進入してくる。タープを支えるのは径が三ミリのロープである。切れることはないだろうが、柱にしている草木の強度はどうだろう。電灯がない状態でタープを張っているシステムが破壊されたら……。焚き火のうえに雪の積もったタープが落ちてきたら……。雪下ろしをマメにやって、壊れないことを祈るしかない。身体も休めなくてはならないのに、やれやれだ。

一時間半ごとに、とはいっても時計はないのでおそらくだが、起き出して、雪下ろしと薪補充を続けた。少しでも朝の気配があれば、出発の準備をはじめるつもりだった。天気が悪いと黎明を見つけ出すのは難しい。樹林のなかに一角を決めて寝袋のなかから光の変化を観察していた。

自由と限界の頂　二月一〇日

森を包む光の雰囲気が変わったのを見逃さず起き出した。寝床の条件が悪く、疲れもとれていない気がするが、朝が待ち遠しかったので躊躇はしない。節約してきたのでまだ粉ミルクも砂糖も何とか残っていた。お茶を沸かしながらごはんを温める。いったん朝が来ると明るくなるのは早い。空はどんどん色を変えていくが、焼き肉もちゃんとやって、ごはんとともに口に詰め込み、残った焼き肉とごはんを食器に入れて弁当とした。

雪はほとんどやんでいた。だが積雪は予想以上に多かった。宿泊地から始まるはずのトレースはチリ雪崩で完全に埋まっている。泳ぐように雪をかき分けて進んだ。チリ雪崩が抜けていないところも、ほとんどトレースが消されていた。それでもうっすら残った昨日の足跡を探るようにていねいに足を運べば、何とか進むことはできた。

とにかくできるかぎり速く昨日のトレースをたどっていく。トレースが切れたさきで、かなりのラッセルを覚悟しなくてはならない。

日が高くなるにしたがって、天候も好転してきた。流れる雲の合間に青空も見えはじめ、樹林を抜ける風がなくなり、世界が無音になっていく。一歩ごとに雪からは、くぐもったホコリのようなにおいが漏れてくる。雪の合間に閉じこめられていた冷たい空気のにおいである。昨日は必死でラッセルしたつもりだったが、たどりなおすとあっさり昨日の最終地点に着いてしまった。

まっさらな雪に踏み込むことになった。倒木の隙間に足が落ちると、ときに胸まで雪に埋まる。一歩進むのに、数秒から十数秒かかり、斜面が急なところでは労力と出来高のギャップに泣きたくなる。

私はここまできて最終到達目標地点にさらなる修正をくわえていた。笊ヶ岳からその手前の布引《ぬのひき》山へである。

この山行はほぼ毎日、下方修正ばかりだった。そのうえに、ふたたび最終調整だが、これが精一杯だった。いまこのラッセルをくり返していても、布引山の山頂にすら届かないかもしれない。これまでは冬期でも二週間も山に入れば、登山として何らかの結果を残すことができた。それがテント、燃料、電気製品、食料をもたずに山に入ったら、私が登れるのはせいぜい布引山、二五八三メートルなのだ。山頂というよりは笊ヶ岳の肩のような前衛峰である。通り過ぎるためにあるようなそのピークを目標にして努力するのは私くらいのものだろう。

そう思うと、今踏み出そうとしている一歩がバカらしかった。それでも上に向かう努力をやめることはなかった。私を支えているのは二頭の鹿である。個人的な感傷だがやっぱり、二つの大型哺乳類の命を奪った責任を私は登山というかたちに変えて表現しておきたかった。

歩みを止めて地図を見て、またラッセルをくり返す。もう少し標高を上げれば、雪が風に飛ばされて歩きやすくなるはずだ。そう思って、目の前の斜面を這い上がるが、雪面がクラスト（雪面が風の作用などで硬くなること）することはなかった。

歩いている時間が短くなって、立ち止まっている時間が長くなる。二二〇〇メートルのジャンクションに着いてもクラストは始まらず、がっくりだった。だが、そこから一〇〇メートルも歩くと樹の間の風が抜けるところが硬くなってきた。突然、効率が上がりはじめる。しかし、もう体力がついていかない。吹きだまりに足を取られ、風表では凍った雪面に肝を冷やした。アイゼンもピッケルももっていなかった。スパイクソールだけが雪面に対してたよれる道具だった。それでも義務感のようなもので歩きつづけた。

風紋が波打つ登山道を無心でたどっているうちに、いつのまにか布引山の山頂にでていた。先の稜線はほとんど高度を落とすことなく、笊ヶ岳に向かっていた。

「これがピークかよ」と普段の私なら思うだろう。なんとか笊ヶ岳までいけないだろうかと思って

布引山山頂、標高二五八三メートル。

先をうかがいもした。だが、答えはずっと前に決まっていた。やる気も悔しさも湧いてこない。ここ布引山が今の私の限界なのだ。

現代装備を拒否した冬山登山、そして二頭の鹿、その先にある自分の限界。それらがわかっただけで私は満足だった。

登山に自由を求めてきた。命は身体という束縛から逃れられない。だが、その身体が思いどおりに動いたとき、そこには自由なる感覚が生み出される。少なくとも身体がイメージどおり動くというのは気持ちがいい。そのうえで、小さなアクシデントに対応しながら日々が思いどおり過ぎ、自然環境のなかで大きな目的を達せられたらなおさらである。

なんでもかんでも自分で判断し、気ままに振る舞う。ケモノを自分で殺し、薪を切ってきて火をつける。男のロマンなんて言葉が似合いそうな状況だが、実際に何ができるというわけではない。乞食のような生活だ。だが、私を規制するのは人間のお約束ごとではない。自然環境である。それが何とも気分がいい。

銃がアンフェアであることは意識している。廃屋巡りに終始したことも恥ずかしい。人生全体を見れば一一日間などほんのひとときであり、それで自分が強くなったとか、サバイバルだとか言い張るのがばかげていることもわかっている。環境保護の観点から焚き火や狩猟に否定的な意見もあるだろう。

だが私の道徳律は揺るがない。自然の掟は人の掟よりはるかに厳しく正当である。私は現代装備を拒否することで、その自然の掟に少し近づけたと実感している。装備や食料をもち込まないという負荷を自分に課すことで、山の中で自由に振る舞わせてもらうという私の勝手な理屈が、それほど的はずれだとは思えないのだ。

体が自由に動いたとき、同時に私は自分の限界を感じている。自由と限界。対極をなすような二つの言葉のなかには、同じ要素が含まれている。イメージどおり体が動くがゆえに限界にぶつかることができるし、限界の直前に行為者は自由の快楽を享受する。

長年それなりの登山をしてきたつもりだった。だが、いざ装備と食料の多くをザックから抜いたら、私が二月に登れる山は布引山二五八三メートルだった。

それが今は私の自由と限界の山である。

第六章　解体

You are what you ate.
（あなたはあなたが食べたものにほかならない）
——西洋のことわざ

ケモノと肉

哺乳類の肉をおいしく食べるにはそれなりにコツがある。血をしっかり抜くこと、内臓を早く出すこと、そして、できるだけ早く肉の温度を下げることだ。

おいしく食べるという意味では、食肉処理場の解体方法がもっとも洗練されていて理想的だ。食肉処理場では肉になる動物は生きた状態で運ばれてきて、解体は殺すことからはじまる。正しくは電気ショックで仮死状態にしているようだ。仮死状態のまま、心臓は動かしておいて、大動脈（もしくは頸動脈）を切断する。心臓を動かしておいたままのほうが、ポンプ作用で排血が速やかに行なわれるからである。電気ショックを与えたままで放っておくと生き返ることもあるらしい。血抜きが終わったら、内臓を出して、皮をむき、一定期間、血抜きと熟成のため冷暗所に吊しておく。食肉処理場はなんにせよ新鮮なうちに処理できるのが利点だ。

動物の内臓はその動物が死んでも化学変化をつづけていく。胃腸内の細菌やバクテリアは生きているし、消化液も少しは食べ物を消化する。死んだ動物を放っておくと胃や腸内で発生したガスが腹に溜まり、その匂いは肉に移ってしまう。

狩猟の場合は食肉処理場とは少し違う。狩猟はなによりもまず、獲物を手にしなくてはならない。とくに銃猟では弾丸でケモノを破壊し、動きを止めるため、解体もそれにあわせた方法になる。

山村の狩猟集団で獲物を仕留めたときは、その場で解体することはなく、まず、猟場から村に下ろす。死亡してぐんにゃり力の抜けた大型哺乳類を山から下ろすのはなかなか大変な作業だ。足にロープをかけて引きずって下ろすことが多い。登山道がホウキで掃除されたようになっていて、そこに一筋血痕が残っていれば、猟師が獲物を下ろした跡である。足場が悪い場合は足をロープで縛り上げ、そこに木の棒を差して吊り下げて運ぶこともある。

車道まで獲物を運んだら軽トラックに乗せ、解体場所に運ぶ。有害駆除の資料のため、役場で写真を撮ることもある。大きなイノシシが捕れたときは、これ見よがしに村内を巡回したり……。

村内には村民に迷惑のかからない解体場所がいくつかあり、そこに獲物を運んだら、まず、水とブラシで獲物の身体をざっと洗う。ナイフを入れるおなか側はよく洗い、洗ったら仰向けにして、足を押さえて、ケモノを地面に置いたまま、毛皮をはいでいく。切り込みは手足のおなか側に入れていき、おなかの真ん中にも縦に（首の付け根からみぞおちを通って後ろ足の付け根まで）切り込みを入れる。このとき、肉や内臓を切ってしまわないように、ナイフの刃を上に向ける。やったことがないと難しい作業に思えるかもしれないが、マンガや映画などから得た知識で多くの人がイメージしている作業をそのままやればいいだけだ。刃物もよく切れれば何でもいい。私は果物ナイフをおもに使うが、イノシシなど皮の固いケモノなら、刃がカーブしているハンティングナイフが使いやすい。

毛皮は片側を背骨までむき、背骨までむいたら、逆側に倒してまた背骨までむく。

皮がおおよそむけたら、頭を落とす。ナイフで骨を断ち切るのは困難だが、骨を切る必要はなく、骨と骨のつなぎ部分にうまくナイフを当てて軟骨と筋を切り離して、ひねればよい。顎のエラあたりに刃をざっくり当てて、筋や軟骨を切り、力任せにひねると、頭はボコッと取ることができる。この作業は、何度やっても気持ちのいいものではない。

毛皮をすべてむけば、ケモノの身体と毛皮が分離するわけではない。肛門のあたりを処理しないと毛皮は肉体からはずれない。

哺乳類や爬虫類はその体の構造を単純化していくと、ドーナツになると私は思っている。ある医者がおなじことをチクワといっていた。口と肛門は消化器官でつながっている。胃壁や腸壁は実は体の内側ではなくて、体内に取り込んだ外界と触れる内側の外側になる。筋肉や骨、内臓と内臓の隙間が「真の内側」であり、皮膚が「外側の外側」ということだ。

外側の外側である毛皮をむいていくと、口、目、鼻の穴、耳の穴、肛門、ちんちんの先っぽ、という「外側の外側」と「内側の外側」との境目部分でむけなくなる。人の身体にあいている「穴」は内側の表面と外側の表面の境目なのだ。人間を風船だと考え、肉や骨のある真の内側にどんどん空気を入れていくと、かなり複雑なドーナツ型の風船になる。

頭部にある穴（目、鼻、口、耳）は首を落としたときにいっぺんに処理されているので、残る「内側の外側」と毛皮の境目は肛門と尿道の出口になる。そこを切っておかないと、毛皮は身体から離れない。

狩猟での解体と食肉処理場での手順が違うのは、ケモノが山のなかで事切れることや、肉の分配などの関係である。とくに弾が消化器官を貫いてしまっている場合は、腹を開ける前に胃腸の内容物が付いていない四肢と背ロースや肩ロース、そのほかの雑肉などを取ってしまう。肉は繊維の塊《かたまり》だといっていい。うまく取るには繊維や筋などの仕組みに従うようにナイフを入れていくのがコツである。骨は頭を外すときと同じ要領で、軟骨と筋を切れば外せるので、それぞれの肉や部位をブロックごと取り出すのは慣れればわけない。

解剖や解体、血を見るというのは、気持ち悪いものだという先入観がある。私も最初の一頭を解体するまで、解体場所で貧血など起こしたり、気分が悪くなったりしたらどうしようと不安だった。だが実際にやってみるとそういう感情はまったくおきなかった。多少の血はみるが、まだ温かいケモノを解体するのと、死体をいじるのとはぜんぜん別の作業なのだ。鹿にナイフが入り、皮がむかれ、肉が外され、内臓が取り出されるという行為は、どちらかといえば美しいことであり、喜びと感謝に満ちた当たり前のこととしてすんなり私のなかに入ってきた。ケモノが肉になり、肉が精肉になり、精肉が食材になるわけだが、この命を食べ物に換える過程で行為者のなかに醸し出される感情にマイナスなものはほとんどない。他の動物が、獲物を丸呑みしたり、がつがつ食べてしまったりするなかで、獲物をきれいに解体するというのは、人間が他の生き物に誇っていい行為だと思う。魚を捌《さば》くことと同じく、料理という人類を代表する文化の源流がこの解体にあるような気がする。

まわりの肉を取られた獲物はダルマのようになる。もう取る肉がないという状態で、腹を開ける。内臓が破れていることがわかっていても、できるだけ内臓に傷を付けないように、ていねいに腹を開いていく。肋骨も胸の正面にナイフを当て、ナイフの背を棒などでとんとん叩くと切り開くことができる。胸をあけて、咽にも切れ目をいれてから、体腔側（内側）から咽の奥に手を入れて、気管と食道を引っ張ると、内臓をまとめて取り出すことができる。

内臓と肉体がくっついている部分というのはじつは多くない。自分の身体の中で内臓が浮かんでいると考えると不思議だが、内臓は鞄にものを詰め込むように身体にはいっているだけで、咽と肛門、横隔膜、腹膜などの一部分が体腔にくっついているにすぎない。肛門と尿道の処理が済んでいれば内臓は水が入った袋のようにデロリと出てくる。

単独でケモノを仕留めたときは、山のなかで解体する。弾が内臓を貫いていようがいまいが、皮をむく前に内臓を出してしまう。内臓を出したら、吊しておく。とくにその日中に帰れないときは、木に獲物を吊したまま、焚き火、夕食、就寝ということになる。自分が撃ち殺した獲物が焚き火の明かりに浮かぶのを見ながら眠るのは、複雑だ。なんだか自分がたくましくなったような気もするし、鹿の魂などを考えると怖い面もある。翌朝、皮むきと肉の切り分けを行なう。

死亡後一五分以内に内臓を出すとおいしいという説があり、内臓を出したあと冷暗所に吊しておくことでさらに肉が熟成されるという。その説は、私の体験にも合致している。

ケモノレシピ

なにかの味を知るのに、まず生で食べてみるのが好きだ。食材がそのままで持っている味を味わってみたい。鹿に関してはほとんどの部位を生で食べた。イノシシの生食はいろいろと評判が悪いのでまだ試していない。

まずは、鹿刺し。鹿の肉は筋が多く、すべての部位が刺身で楽しめるわけではない。人間でいう背筋の背ロース、おしりの筋肉の大臀筋、モモ肉とよばれる大腿四頭筋や大腿二頭筋などは筋が混ざらない赤身を切り出しやすく、刺身で食べるとおいしい。筋に沿うように刃を入れていくと、肉が塊ごときれいに外せる。

そしてなんといっても、食肉の最高部位といったら内ロース、いわゆるヒレ（フィレ）とかテンダーロイン（優しい腰？）などとよばれる大腰筋だ。この部位は脂分が少なく、刺身にすると筋のない赤身になる。ねっとりとしてやわらかく、素直な肉のうま味が凝縮されていておいしい。一頭のケモノからとれる量が少なく、家畜肉のなかでも最上級部位とされている。じつは私は、このヒレ肉がどこにあるのか、実際に自分で解体するまで知らなかった。知りもしないで、ヒレカツをうまいうまいと食べていたというのはなんだか恥ずかしい。内ロースは名前のとおり背中の内側にあり、体腔内で背骨の両側にへばりついている。それゆえ、銃弾が胃袋を貫いてしまったときは、胃袋の中身をこれでもかと浴びていて、食べられないこともある。

「生で食べて寄生虫は大丈夫？」という質問をときどき受ける。体調を崩したことはない、といった程度の解答しかもっていない。もしかして、何らかの虫がすでに私の体内に入っていて、今、この時もふえているのかもしれない。

狩猟初年度は鹿のレバ刺しも食べていた。これもおいしいのだが、かなり濃厚で、三切れも食べるともう充分という食べ物である。

二シーズン目だったろうか。狩猟仲間はあまり興味を示さないので、私は鹿の肝臓を丸々もらって帰った。レバ刺しにしようと家で包丁を入れると、レバーの血管から流しのステンレスのうえに、二ミリほどの赤い三角形が無数に流れ出した。おや？と思い、よく観察すると、矢印型の小さな生き物に見えた。

プレパラート（顕微鏡用ガラス板）にのせ、顕微鏡で見ながら、インターネットで調べるとどうやら肝蛭《かんてつ》という寄生虫のようだった。あらためてシンクをのぞくとパッと見た感じで、数百匹の肝蛭がステンレスのシンクに流れ出していた。以来、私は鹿の肝臓の刺身は敬遠している。

鹿の筋肉には寄生虫はいないという（最近はE型肝炎ウイルスがいるらしい）。鹿肉が汚染されているとすれば、解体により内臓の寄生虫がついたり、消化器官の汚物がついたりするためのようだ。銃猟で仕留めた鹿の場合、内臓が破裂している場合もあり、感染率はどうしても高くなる。

肉のまわりをあぶってから刺身にするタタキは、そんな汚染、感染を避けて肉を刺身で食べるために考え出された方法である。熱したフライパンのうえでブロック状の肉をころがしてやる。しつこくやると内部まで温かくなって肉が酸っぱくなることがある。熱いフライパンで軽くやるのがいい。まわりに充分火が通ったら、氷水で冷やす。肉が締まって、薄くスライスしやすくなる。ワサビ醤油、ショウガ醤油、ニンニク醤油、ネギ醤油など好みにあわせて何でもいける。

別項にも書いたが、心臓も刺身で食べる。ハツ刺しだ。心臓は生まれてから死ぬまで、ずっと動き続けている筋肉の塊である。独特の脂がまたなんともおいしい。じつは眼球の筋肉は心臓以上にずっと動いており、身体でいちばん激しく動く筋肉だという。これも食べるとおいしいが、生で食べたことはない。

胃も刺身でいける。こりこりと歯ごたえもいい。湯がいても、焼き肉でもおいしいが、どんなに洗ってもゲロくさいのがちょっと難点だ。煮込みをつくっていたら長男がやってきて鍋に顔を近づけ「ウンコとゲロの混じった匂い」と感じたままのことをつぶやいて去っていった。

変わり種としては、頭からとれる舌《タン》。反芻運動で顎の筋肉が発達していて、取り出すまでに奮闘がいる。取り出したら、焼いてタン塩でも、スープなどに入れてもうまい。牛タン同様、ベロの皮膚にあたる舌の皮をむかなくてはならないのが手間である。

薄く切って、塩コショウして焼く。焼き肉はごく基本的な食べ方である。なんやかんやで、狩猟山行中は焼肉で鹿を食べることが多い。鹿の肉は火を通すと独特の臭みがでる。気になる場合はニンニクをまぶし、調理油にバターを使うと食べやすくなる。

焼き肉はおいしいのだが、たくさん食べるとつらくなってくる。刺身はたくさん食べられるが、おいしく食べられる部所や期間がかぎられている。その点すべてを克服したのがしゃぶしゃぶだ。

冷蔵庫に溢れた鹿肉に困った妻が、やけくそでやってみたら鹿肉にあっていた。子どももたちもお気に入りである。狩猟肉は血抜きがうまくできないこともあるが、しゃぶしゃぶなら血を洗い流せるのもよいのだろう。

鹿肉には味噌煮、カレーなどの煮込み系もあっている。チームで鹿を仕留めた場合、頭は撃った者に所有権があり、肉と骨は参加者（犬を含む）で平等に分配する。はじめて頭を持ち帰ったときは、骨格標本にしようと思い、大鍋でゆでて目玉や舌《タン》、唇、頬肉、脳味噌、脊髄などを必死で食べた。おいしいのだが、どの部位もコクがありすぎて、たくさん食べるのはつらかった。

二頭目からは、脳味噌・目玉をとりだして頭カレーにしている。うまい。だがどうやら一般的とはいいがたいようで、妻や長男は敬遠気味だ。よく理解していない末娘はよろこんで食べているので、先入観がなければうまいのだろう。ただ鹿プリオン病が朝鮮半島まで来ていると聞いた。今後神経系を食べるのは考えたほうがいいのだろうか（でも食べたい）。

普通の肉のように、野菜炒めに入れたり、チャーハンに入れたりすることももちろん可能だ。ユッケもいける。脂を含まない赤身の肉なので、火を通すと肉汁と匂いが出る。それを考えて料理するのがコツのようだ。

イノシシのおいしい食べ方は、なんといっても豚汁だと思う。イノシシ肉はみそと相性が良い。イノシシの肉は、豚肉の味を濃くした感じである。一般的な料理はいろいろやったが、処理に困るほどは捕れないので、レシピの研究は進んでいない。

狩猟をはじめて、イノシシ肉（＝豚肉）の評価がかわった。牛肉は高価なぶんありがたくて、うまい気がするが、よくよく味わってみると牛独特の臭みがあって、毎日食べられるものではない。食肉として考えた場合、豚がいちばん素直な味ではないかと思う。

ただ、一概にイノシシ肉とはいっても、個体によって味が違う。味の質は似ているのに、うまい個体とまずい個体があるのだ。うまい個体の肉はただうまいのだが、まずい個体の肉にはいろいろな種類のまずさがある。脂が臭いもの、血のにおいがきついもの、肉がヒネていて硬いもの、筋が多くて食べにくいもの、ぱさぱさしてジューシー感がないもの、などなど。

個体による味の違いは野生肉一般にいえることだ。だから野生肉を食べたことがある人も一つの個体だけで、そのケモノ全体を評価しないほうがいい。「熊肉はくさい」という台詞をよく聞くが、熊肉はアタリハズレが大きく、うまい熊はとろけるような脂でとてもおいしい。ハズレだと料理に顔を近づけただけでツンと鼻を刺激する脂の臭みが浮いてきて、とても食べられたものではない。犬すら喰わない熊肉もあるようだ。

解体と料理はその肉がもっているうまみを損なわずに引き出す方法であり、ダメな肉をよくする方法ではない。

肉の味の違いは個体にもよるのだろうが、季節や食べ物（地域）などのほうに強く影響されるようだ。ドングリで育てるスペインのイベリコ豚は世界的に有名だ。イノシシもドングリや栗が豊作の年はいい脂がのって、肉が輝き……考えただけでよだれが出てきて、つぎのシーズンも気合いを入れようと思えてくる。イノシシ猟は西の暖かい地方のほうが盛んである。雪が少ないためイノシシが多いからだ。だが味に関しては、寒い地方のドングリが豊作の年が上のようだ。個体では、若いメスほど肉はうまい。私の属する狩猟集団では一回も妊娠していない二歳のメスのイノシシを狩猟期間開始から年内のあいだに仕留めたら、これ以上うまい肉はないといわれている。実際にそのランクになると末端価格（たとえば地域の高級旅館の特別料理）で一〇〇グラム一万円になるという。私は、そこまですごい肉にありついたことはないが、〇歳一一カ月ほどのメス鹿なら食べたことがある。うまかった。

猟師が一般の人に肉をあげるときは、それなりのランクのそれなりの部位を用意する。自分の仕留めた肉をまずかったとは言われたくないし、自分たちの行為を肯定してほしいという気持ちがあるためだ。殺生を舌で納得させてやろうと目論む見栄っぱりの猟師から最高個体の最高部位が届く日をお待ちいただきたい。

また、野生肉は滋養強壮にも良いといわれている。

「服部君、サル肉喰ってみな。三日三晩立ちっぱなしだぞ」

猟仲間にいわれたこの台詞は忘れがたい。現在、サルは有害獣として駆除対象になっている地域が多い。だが、猟師のなかにもサルは撃ちたくないという人は少なくない。絶体絶命のピンチに陥ったサルが人間に手をあわせて命乞いするということも実際にあるらしい。ケモノの命にランクをつけるのは人間の傲慢だと私は考えている。だが、自分に似たケモノに感情移入するのもまた、生き物の自然な情動だろう。私はまだサルを撃ったことはない。

イノシシが強壮に効くという人も、熊がいいという人もいる。いい鹿肉が入ったので友人にわけたら、夫婦円満に貢献したと聞いた。野生肉をたべると何となく力が湧いてくるような感覚はたしかにある。

仕留めた獲物がうまいかどうかは、一目でわかる。「毛並みがいい」とはよく言ったもので、毛並みにはその個体のもつ質が如実に表れる。毛量が多くて、輝くようになめらかな毛並みだと肉もおいしく、ぼさぼさしているとおいしくない。

他のタツマ（待ち伏せ場所）で鉄砲が鳴り、無線が入る。
『おう、とまったぞ。鹿だ』

撃った人の声からどこのタツマで仕留めたかはすぐにわかる。聞きながらその日の犬とケモノの動きを頭のなかでシミュレーションし、自分のところにおこぼれが来る可能性がないかすばやく考える。
『犬は戻ったぞ』と犬掛けが無線で言う。『この山にはもういないようだな、今日は終わりにするか』

これを合図にケモノがとまっているタツマに移動し、鹿をおろすことになる。

タツマについて鹿を見下ろすとアタリハズレはすぐにわかる。毛並みがよいときは、よだれが出てくるような感覚まであり、「いいのトメましたねえ」とお世辞のひとつも口につき、気がつくと獲物のあばらを撫でてたりする。

毛並みが悪いときは「まあ、とまらないよりはましだろ。犬も働いてくれているし……」と撃った本人から言い訳が出たり……。

「毛並みを確認してから撃つわけにいきませんからね……」

そして毛並みの悪い獲物の後ろ足を持ち上げてみると、股にシラミがわいていたりする。

第七章　単独忍び猟

歩く狼は餌にありつく
――シベリアのことわざ

朝三時四五分。時計のアラームが鳴り出す前に目が覚める。それでも眠い。できるという確約はないが、できないと決まったわけではない。可能性があるかないかわからない目標に向かって、小さな努力を積み重ねていく。そんな手応えのない感覚がきらいではない。眠気を押して、寒く、暗いなか、始発電車に乗って山梨県の山奥に向かっても、獲物が捕れる保証はない。どちらかといえば、捕れない確率のほうが高いだろう。自信がなくても信じて少しずつ進んでいく。いつ目的地に着くのかわからなくても、一歩一歩あゆみつづける。立ち止まっていたらけっして到着しない場所にも、歩いていればいつか到着するかもしれない。そんなルーティンに耐えるハートを鍛えてくれたのは登山である。

新横浜駅五時〇三分の横浜線に乗ると八時前に大菩薩峠の登山口「裂石」に到着する。登山者は大菩薩峠か丸川峠につながる登山道をたどる。私は寺尾峠への旧道に入る。三シーズンこのあたりを歩いて発見した昔の道だ。

道は古く、痕跡がうっすら残る程度で、地図に記されてはいない。かすかな踏み跡を遮《さえぎ》るように伸びた灌木の太さから、ここ一〇年ほど整備されていないことがわかる。二足歩行の人間が大きく苦労しない程度にノコギリで枝を払いながらゆっくり登る。枝を落とせば、それなりの音が出て、ケモノを散らすことになるが、今日はそれでいい。今後のために道の整備を兼ねた出猟だからだ。

遠い樹の上でカラスが鳴いた。銃を向けて一発。数日前、銃に新しいサイトを載せた。その調節を家で行なったまま弾道の確認をしていない。射撃場以外での無用な発砲は許されていないからだ。狩猟鳥獣に発砲するならそのかぎりではない。カラスは飛んでいったが、枯れ葉で弾筋を見ることができた。すこし右にずれているが、修正が必要なほどではなさそうだ。

狩猟用なら鉄砲の照準調節はそれほど微妙で複雑なものではない。銃からボルトを外すと鉄砲が文字どおり筒抜けになる。家のなかでいちばん距離が取れるところの片側に鉄砲を置き、逆側になにか見やすい目印をつける。私はピンクの画鋲をつかう。画鋲をタンスに止め、離れたところに置いた鉄砲の後ろから筒を通して覗く。筒のど真ん中に画鋲が来るように画鋲の位置と鉄砲の位置関係を調整し、ぴったり決まったら、今度はサイトを画鋲にあわせて調節する。これでできあがりだ。画鋲を差し替えたり、銃身を一ミリくらい動かしたりと、家のなかを行ったり来たりし、最後にサイトを固定して、さらに確認、こんなことをごちゃごちゃとやっていれば、小一時間ほどでおよそ狙ったところに弾が飛んでいくサイト調節ができあがる。

狩猟が解禁され、シーズンがはじまったのは四日前だった。その日私は前年同様、前の晩から山に入り、小さな雌鹿を仕留めた経験のある場所で眠った。もちろん解禁日の日の出とともに、待ち伏せに入るためだ。

そして夜明けとともに私にとって四シーズン目の狩猟期間がスタートした。二〇〇八年一一月一五日のことである。

昼頃、首尾よくガサガサガサと鹿が近づいてくる音がし、マットの上に寝ころんでいた私は、銃に手を伸ばして、ゆっくりと体を起こした。

足音は止まり、すこし間をおいてから、足早に遠ざかっていった。いそいそ逃げていくという感じである。ササヤブのなかなので姿を見られた心配はない。身体とマットがこすれる衣擦れを聞かれたのだろう。不用心だった。

夕方、一〇〇メートルほど上の斜面で雄鹿が鳴いた。「カーヒーホー、ごふ」という発情期の鳴き方である。カーヒーホーというのはテリトリーを主張しメスを呼ぶためのラッティングコールと呼ばれる鳴き声だ。最後の「ごふ」は息継ぎでもしているのだろう。これは至近距離でないと聞くことはできない。こっちもうまくラッティングコールを真似られれば、怒った雄鹿が迫ってくる。そんな猟法もある。だが、下手にやると逆に警戒されてしまうので、私は下りてこい下りてこいと身動きせずにただ待っていた。鳴き声の主が下りてくることはなかった。

その日の晩も同じところで眠ったが、翌日は朝から雨が降りだした。渉猟に切り替えて、二シーズン前から歩いているフィールドをパトロールしてみることにした。

ケモノ道に入り、単独猟ではじめての鹿を撃ち止めたところでパンをかじった。昨シーズンのはじめケモノを待ち伏せし、首尾よく仕留めることができた鹿の寝屋だ。そのままケモノ道をたどって、植林帯につけられた作業道に出る。弱い雨はシトシトと降りつづいていた。

細かい雨に追われるように解禁日の出猟は不首尾とあきらめることにした。下山路につづく作業道に入ると、鹿の糞がひとつの場所にたまっていた。これまでも足跡や糞はたえず確認してきたが、足元にある痕跡はもっとも新鮮に見えた。今シーズンはこのあたりがいいかもしれないなと思ったそのときだった。ガサッという音で顔を上げると、正面三〇メートルほどのところに黒っぽい雄鹿が立っていた。

あわてて銃をあげ、安全装置を弾くが、銃床を肩に当てる前に、鹿は「ぼん」とササヤブに飛び込んで姿が見えなくなり、どさっどさっどさっと足音が遠のいていった。

ピンと張り詰めたような遭遇、はじけて滑るような跳躍、その後に訪れる森の静寂、停↓動↓静という流れ。鹿との遭遇は後から思いおこすといつも白昼夢のようだ。夢ではないことを確かめるように、雄鹿が跳んでいった方向の作業道を下りてみる。道を横切って跳ねていくアシがある。そして、離れた場所で「ぴしゅ、ぴしゅっ」と鹿が二回鳴いた。こすれたような声が鹿の大きさを示している。さっきの黒い雄鹿にまちがいないだろう。あきらめてきびすを返し、寺尾峠から街に下りて、シーズン最初の猟を終えた。標高を下げると雨は降っていなかった。

解禁日から四日目、平日だが会社を休んでふたたび大菩薩嶺にやってきた。寺尾峠につながる旧道の枝を払い、倒木をどかし、ゆっくりと稜線へ登っていく。

峠に上がり、そのまま、今度は植林の作業道を歩いていく。道が尾根を回り込むようなところは、先の見通しが急に開ける。こんなところでは鹿に鉢合わせすることがある。三歩進んで五秒観察、不自然な音がしないか耳をすまし、また三歩。

解禁二日目の雨の日、大きく黒っぽい雄鹿を見たところが近づいていた。歩みをさらにゆるめるが世界は静まりかえっている。大きな樹の樹間はほどよく開いていて、森は明るい。無音の大木を見上げると、こんなところで獲物を狙い、殺気立っている自分が場違いに思えてくる。深呼吸していったん力を抜き、さらにゆっくりと歩みをすすめる。

動きはナマケモノのようだが、目と耳を中心に感覚器官の感度は最高潮にはりつめてある。同時に、遭遇の衝撃に対しての心構えもしておかなくてはならない。この瞬間に出会うかもしれず、一時間後かもしれない。三時間後かもしれず、今日は空振りに終わるかもしれない。

急ぎ足で広いエリアを歩いたほうがいいのか、範囲は狭くなってもそっと静かに歩いたほうがいいのか、このあたりの加減は微妙なところだ。もちろん気配を消して、なおかつ広いエリアをパトロールできればそれに越したことはない。だがそのふたつは矛盾している。

発情期の鹿はテリトリーを持っている。三日前に見た鹿は雄だった。この周辺にいる可能性は高い。作業道はT字路にぶつかり、歩く予定にしていなかった道になんとなく入ってみた。あたりをゆっくり見回すが鹿の気配はない。あの黒い雄鹿のテリトリーに入っている。周辺に鹿がいる可能性は他の場所より高いはずだ。

耳をすまし、右手、山側の斜面のササヤブを見渡してみる。左手、谷側のササヤブはうまく見えないが、小川を挟んだ対岸はよく見える。視界のなかに動くものはない。五歩あるいて、また斜面を見上げ、対岸を見ながら耳をすまし、また歩いて、見上げては耳をすます。そんなふうに一〇〇メートルほど歩いて、さすがに自分のやっていることがバカらしくなってきた。目の前に見えている小尾根を回り込んだら、戻って予定のルートに入ろうと決めたそのとき、左側、下の斜面でガサガサッと音がした。

小道をそっと谷側に移動し、のぞき込んで、息を飲んだ。ササヤブのなかを大きな角《つの》が移動していた。ほぼ真下、約一五メートルを、右から左へ角だけが動いている。同じ道の上にいたらまさにすれ違うといったところ。身体は見えない。

狩猟中に物音がしたら、鉄砲撃ちはいつなんどきも「人かもしれない」という可能性をいちばんに考慮する。つぎが犬だ。だが、こんな山奥のササヤブのなかで、しかも平日に、両手に鹿の角を持って遊んでいる人間がいるはずない。もちろん鹿の角を生やした猟犬もいない。

銃を構えると、鹿もこちらに気がついたようで角の移動が止まった。そして重なっていた二本の角がゆっくりまわって、開いてとまった。こちらに顔を向けたのだ。枝分かれした立派な角だ。角のV字の下にあるはずの頭に狙いを定めた。

鹿も私も動かない。おそらく鹿は耳をピンと立てて、私の物音をうかがっているはずだ。色を見ることができない彼らは私が動かなくては、私がどこにいるか同定できない。

一方の私はどこに向かって撃つべきか悩んでいた。角の角度から想像する頭か、角の位置から想像するバイタルエリア（肺・心臓）か。頭は小さくて撃ちにくい。体は大きいが、ヤブに隠れて、どこにあるのかよくわからない。

悩んでいても弾は当たらない。そう思って、頭に狙いを定め、引き金を引いた。銃声が軽く谷間にこだまする。だが、鹿はどすどすどすと逃げていった。

「はずれ？　なんで？」

逃げていく鹿からは視線を外さずにボルトを引く。鹿は三〇メートルほど下り、小川の流れる谷底で動きを止めた。あたりをうかがっている。

鹿がよく見えるところにそっと二歩移動した。五〇メートルは離れている。サイト（照準器）をのぞいても、細かい狙いはつけられない。鹿の身体の真ん中に照準を合わせ、二発目の引き金を引いた。

ふたたび銃声が谷間にこだまし、鹿は反転して走った。「ダメか？」と思ったが、鹿は二〇歩ほどで、また辺りをうかがうように動きを止めた。

どこから撃たれているかわかっていないのだ。弾倉にもう弾は入っていない。ゆっくりポケットをまさぐり、弾をつかんでボルトを引いた。私の動作はすべてゆっくりだ。鹿は動かない。目線を一瞬銃の機関部に移し、鹿をちらちら伺いながら、そっと弾を装填する。まだ鹿は動かない。ヤツは何をしているのだろう……。新調したサイトは合っているのだろうか。なんにせよ、つぎが最後のチャンスになるだろう。弾倉にも弾を込めて、音を立てないようにゆっくりボルトを締めた。今度こそと銃身を樹に寄りかけて固定する。だが別の木がじゃまして鹿が見えなくなった。そっと位置を変え、別の樹を使ってやってみる。どうもうまくない。二、三歩、鹿に近づいてみるかという思いが頭をかすめたが、ヤブを揺らしてこちらの位置を教えてやる必要はない。

何とか狙いを定め、引き金を引いた。

三たび銃声が谷間に響く。が、鹿はまったく動かなかった。

「とまってる?」

鉄砲を鳴らしても動かない。ということは事切れている? ここからは立っているように見えるが、倒れているのかもしれない。一発目か二発目の弾が当たっていたのだ。

思考が「ケモノをトメる(仕留める)まで」から「ケモノをトメたあと」へ、急速にシフトしていった。とにかく早く血抜きをしなくてはならない。いそいでヤブを一〇歩ほど下り、鹿の場所を確認してから、さらに一〇歩。もう一度歩いて、頭をあげたところで足が止まった。鹿が首をあげてこちらを見ていた。地面に伏せているが、息絶えていなかった。それどころか、今にも立ち上がって走り出しそうな気配を発している。

ふたたび思考をがちゃがちゃと組み替えた。深手を負っているが死んでいない鹿にどう決着をつけるか。普段なら自分の手で頸動脈を切る最期を選択する。だが、足まわりにダメージを与えていなければ、近づくと走られるかもしれない。上から見ていた感じでは、四肢に障害は見られなかった。そして大きな角。銃で撃てば簡単だが――。

シーズン最初の一頭に逃げられたくなかった。立ち止まって弾を装塡し、念のため弾倉にも弾を込めた。

銃をあげて首を狙った。鹿は私を見つめていた。彼には私がどう映っているのだろう。

「わるい」という謝罪の言葉が脳裏をすっと流れ、その割には躊躇せずに引き金を引いた。

首の根本を中心に毛皮からホコリが舞い立ち、身体に広がっていく衝撃波まで見えた気がした。水面に落ちたしずくが同心円状の波を作り出すように、着弾点を中心に鹿の身体にぶわっとしわが広がって消えた。

鹿は撃たれた反動で立ち上がり、よろつきながら二歩あるいて、転がるように倒れ、後ろの足を痙攣させた。次弾を送り込まずに、銃を肩にかけ、いそいで近づいていった。鹿の臭いが強くなる。動物園の匂いだ。今回はオシッコの臭いも混じっている。大きな雄鹿が足をばたばたさせていたが、目の焦点はすでにどこにもあっていなかった。ナイフを出して角を押さえ、頸動脈をざっくり切った。首にはまだ力が残っていたが、血は出てこなかった。声も出さない。頸動脈が切れていないのかと思い、さらにナイフを入れて、気管まで切り裂いたが、やはり血は出なかった。おそらく肺か大動脈を弾が破壊していて、体腔内に大出血しているのだろう。

足元で動かなくなった鹿を見て、あらためて「とまった」と思った。鹿はもう逃げられない。鹿の大きな肉体が私のものになったのだ。喜びと同時に大きな哺乳類を仕留めた責任感のようなものが湧いてきて、息苦しくなる。命という不可逆的な均衡を私自身が圧倒的に作用することでまた壊してしまった。

思い出したように時計を見ると一三時すぎだった。これから鹿を処理して今日中に帰宅できるのだろうか。一五時のバスのつぎは一七時。最後は一九時。一七時のバスに乗れるだろうか。

動きを止めた鹿を簡単に点検して、まわりの状況を観察してみた。血痕を追って、鹿の動きを逆からたどるようにケモノ道を歩いてみた。

やはり二発目の弾が当たったようだ。たたずんでいたと思われるところから、血が落ちている。すこし気持ちが落ち着いた。鹿に戻り、片足を立木に縛り上げた。重かった。大きさといい背中の黒い毛皮といい、おそらく、三日前に見た雄鹿と同一個体だろう。いちおう狙っていた鹿を仕留めたことになる。胃を切り裂かないように腹を割く。すでに胃袋は弾丸で貫かれており、胃の内容物が体腔内を汚していた。鹿がおおきいので腹膜が頑丈だった。喉笛もいくら引っ張っても抜けてこない。

いつも以上に苦労して内臓を出すと、体腔内は予想どおり血の海だった。いったんロープをといて近くの小川まで引きずって行き、川の水に浸けて体腔内を洗う。しばらく冷やしてから、後ろ足を吊して（重くて完全には吊せない）、前足にも紐をかけて固定し、皮を剝《は》いだ。

銃創を観察すると、とどめの一発は首を抜けて逆側の肩胛骨で止まっていた。あとはアバラから胃を貫通したものがひとつだけ。

やはり頭を狙った最初の弾と、三発目に撃った弾は当たっていないようだ。五〇メートルの二発目があばらを折って、内臓で暴れ、それが致命弾になったようである。

しかし、そのせいで体腔内は胃の内容物でどろどろ。発情期のオスだからだろうか、それとも膀胱が破れたのだろうか、全体的にすごくオシッコ臭い。

体の内側をいじる前に、四肢と背ロースを取った。肉は足と背ロースだけで許してもらうことにする。残りは山の生き物に返すため、バラバラにしてできるかぎり広範囲に捨てることにする。内臓は心臓だけを回収した。心膜を剝いて取り出すと心臓にはなぜがカッターで切られたような細かい傷がついていた。弾に砕かれたあばら骨が当たったのかもしれない。すこし走って止まっていた理由がここにあるのだろうか。

一五時までかかって作業をこなし、四肢と背ロースをザックに入れ、頭をザックにくくりつけた。丸川峠経由で下りるのと、寺尾峠から下りるのとどちらが楽か、地図を見て確認する。

肉と頭と鉄砲で三〇キロ以上はあるだろう。ザックが肩に食い込んでくる。寺尾峠経由で山を下り、小一時間で丸川峠への登山道に合流した。生首をザックにくくりつけたまま一般道を歩くのは少し気が引ける。ザックを下ろし、銃を分解した。どうやって鹿の頭をしまおうかと考えているところで、がやがやと声がして、三人の登山者が下りてきた。

あわてて鹿の頭に待ち伏せ用の迷彩コートをかけ、鉄砲をザックの陰に隠す。私は法に触れるようなことは何一つしていない。しかし、いま隠したものを目にして不快になる人もいる。

大きな角にかぶせたコートが不自然な造形を為していた。それを登山者がじろじろ見ながら通り過ぎていった。

鹿の生首は持っていた六〇リットルのスタッフバッグにギリギリ収まった。分解した銃を袋に入れて、肉で満杯のザックにくくりつけ、生首入りのスタッフバッグを手にバス停に向かった。バスの運転手にとがめられたら「作品の材料にする倒木です」という言い訳まで考えておいた。倒木というのは嘘だが、スケルトン（骨格標本）を作品だと考えれば半分は嘘ではない。さも軽そうにスタッフバッグを持ち上げて一七時裂石発のバスに乗った。

塩山駅からは中央線普通列車に乗り込む。だらしなさを競うような高校生が携帯電話をいじっている。そんな高校生の上の網棚に生首をのせた。ビニール袋で二重にしているので血が垂れてくることはない。丸善にレモンをおいてきた梶井基次郎の心境である。公共交通機関に動物の死骸を乗せることは禁止されているが、食肉ならおとがめなし。

八王子で横浜線に乗り換えた。帰宅ラッシュでごった返しているので、すこし心が軽くなる。首都圏内に入ってしまえば、私が多少ケモノ臭くても、鹿の頭を持ち歩いていると想像する人はいないはずだ。

町田駅で人がたくさん乗ってきたので少し荷物を動かした。ビリッといういやな音がしたのでのぞき込むと、角の先端がスタッフバッグを突き破って飛び出していた。そっとザックで隠して、それとなくあたりを見回すと、お兄さんと目があった。いま目に入ったものの意味を考えています、と顔に書いてある。動物臭、分解しケースに入っているもののザックから飛び出している銃、よく見ると私の靴に付着している血、ザックの横に下げてあるロープにも見る人が見ればそれとわかる血痕がある。状況証拠は揃いすぎている。だが、私は何事もなかったかのように視線を外した。

新横浜駅に着き、飛び出した角を握って、スタッフバッグを持ち上げた。再開発が終わりつつある新品の新横浜駅に大型獣の生首ほど似合わないものはない。逆に言えば、だれも私が鹿の生首を持っているとは想像すまい。近くの公園まで移動し、スタッフバッグをザックにくくりつけて、自転車に乗った。あとは家まで走るだけだ。

玄関のドアを開けるとちょうどわが子たちがお風呂から上がったところで、すっ裸の子供が三人いた。

「とめたぞー。今回のはでかいぞー」といいながら、ザックからスタッフバッグを外し、鹿の頭を取り出した。子どもたちは、すげえ、とか、でけえ、とか言い合っている。長男が裸のままカメラを取りに行って、写真を撮ってくれた。

子供が入って温まっていた風呂で私も冷えた体を温め、鹿の心臓を刺身とハツ焼きにして夕食とした。

鹿のハツを噛みながら、数時間前まで動いていたその心臓に思いを馳せる。すでに止まったままの鹿の時間。体を突き抜けた弾丸の衝撃を理解できないまま、視界が暗くなり、生きる意志そのものが消えていく。そして、遠くなる意識のなかで、私の足音や気配が近づいてくるのを感じている。私に対する憎悪とあきらめみたいなものが渦巻いて、最後にすべてがどうでもよくなって、何もかも消える。心臓が止まるときはそんな感じなのではないだろうか。大きな哺乳類の時間が止まっていく状況を自分に置き換えてみて、ケモノを銃で撃ち殺すことが一点の曇りもなく正しいことだと思う自分はどこにもいない。

だが、それでも、と私は思い、いつもの思考過程をくり返す。肉を買ってきて平気でいるより、私のほうが正しいはずだと思おうとする。

猟師は動物のことをよく知っている。われわれ狩猟者は狩って、殺して、喰うほどに、獲物のことを知っているのだ。

「知りたい」と「好き」は多くの部分で重なる概念だ。若いころ好きな異性のことならなんでも知りたいと思わなかっただろうか。少なくとも私はなんでも知りたいと思い、気がついたら好きな子の名前をノートいっぱいに書いていたりした。好きな子を表す文字を書くだけで、その子に近づけた気がしたからだ。

現在の私は「鹿鹿鹿鹿」とも「猪猪猪猪」ともノートに書いたりしないが、彼らのことを年がら年中考えている。

「むかし人間はすきな時に動物になれたし、動物も人間になれた」という絵本にもなったアメリカ先住民の詩がある。個体が別の個体になるということは現実的にちょっと考えにくい。それでも自分が、鹿になり、イノシシになろうとする感覚はわかる。狩猟行為を通して猟師は獲物になる。獲物になろうとする。それは、足跡を見ながら、鹿が何を考えていたのか、今どこにいて何をしているのかを、必死で考えるということだ。獲物の気持ちにできるだけ近づき、獲物と同じ地平で活動しようとすることだと思う。

おそらく昔は狩る側と狩られる側、喰う側と喰われる側、だます側とだまされる側、笑う側と笑われる側、すべてにおいて人間とケモノたちは立場を交換できたのではないだろうか。

人間の社会性は、人（原始人）が犬（狼）と行動を共にすることで身につけたものだと聞いたことがある。チンパンジーやゴリラなどの類人猿に見られる社会性を発展させても現代人がつくり出した社会性は生まれないというのが、その説を唱える人の主張だった。猿に狼を加えることで多くのことがしっくりくるという。

専門的なことはわからないが、猟犬たちと行動を共にした経験から、人は犬に「なんらかのことを学んだ」というのが正しいと私にもわかる。なにかを集団で為そうとするとき、犬的な信頼関係がキーポイントになることは少なくない。そして私は、獲物を追う犬の美しさを見て、犬になってみたいと思う。同じように逃げていく鹿の荘厳さをみて、鹿になってみたいと思う。せめて、別の動物になって世界を認識するということがどういうことなのかを体験してみたい。鹿のように耳と鼻がよく、色を判別できない四つ足動物はどのように世界を見て、その結果何を感じ、何を考えているのか。

この時代、普通に生活しているならば、人はずっと人間のままである。少なくとも私は狩猟を経験するまで、ずっと人間のままだった。いま、ケモノになろうとする自分が嬉しく、ときに誇らしく、そして何より楽しい。昔の人々のように動物たちと同じ地平で、殺し殺されるを含めて平等に生きてみたいと思う。「なろうと思えばいつでも動物になれたんだ」と言えるくらい、彼らと同化したいと思い、彼らを知りたいと願う。

猟師にとってケモノとは、そんな存在だ。猟師はやはりケモノを敬愛している。

わかりやすい愛ではない。少なくとも私には猟師が獲物たちに抱いている好意を簡潔に表現する言葉を見つけられない。そのわかりにくさを、ヘミングウェイが文学に昇華して『老人と海』を書きノーベル文学賞をもらった。宮沢賢治はもっと上手に「なめとこ山の熊」を書いたがノーベル賞はもらっていない。この両作品には、狩猟者一般の世界観が共通して描かれている。くり返しになるがそれは、「獲物と狩猟者が同じ地平に立っている」ということだ。そして両者の情愛はいつだって狩る側か狩られる側、どちらかの死をもって完結する。そこには他者の入り込む余地はない。

その排他的な性質ゆえに理解されにくいのだろうか。

銃猟はアンフェアで一方的だという人こそが、一方的でアンフェアに野生を見ている気が私にはする。狩る側と狩られる側は同じ土俵に立っている。われわれは獲物と同じものを見、同じものを感じようとし、できれば同じように考えようと努力して、獲物に近づいていく。狩りとはケモノとの深い混じり合いである。無関心の対極にある愛に似た概念なのだ。いつの間にか人間が身につけた、動物を見下すような思考や、人間が最も優れた生き物であるような前提、地球の保護者づらなどといったものが入り込む余地はない。

私は霊長類の一種である。森のなかでは鈍臭く、鼻・耳など多くの感覚器官が野生動物より劣り、寒さにも弱く、それゆえ着ている服はかさばり、衣擦れがし、山のなかで食料も調達できず、装備や荷物がないと山にも入れない。どちらかというと弱っちい哺乳類だ。比較的ましな能力があるとすればそれは、色を見分けられること。大脳が大きいので時間と空間などのさまざまな概念をもち、それゆえ過去（経験）から未来を予測する能力があること。これまで同種の仲間が築きあげてきてくれた文明とそこから生まれる道具をもち、それをそれなりに使いこなす技術を身につけているといったところだろう。

獲物は全体的に優れた運動能力と、どこでも生きていくたくましさをもっている。そのうえで私たちはケモノを狩って食べたいと思い、ケモノは食べられたくない――自分の存在を終わらせたくない――と（おそらく）思って行動する。

狩猟をはじめたばかりのころ、私はケモノを凌駕するなんらかの身体能力を発揮することが猟果につながっていると思っていた。鹿やイノシシほど速く山の斜面を走れるわけはないし、目はともかく耳も鼻も彼らほど効かないことはわかっていた。だから私はとにかく我慢することで、ケモノの上をいこうと思っていた。できるかぎり広く長く歩くことや寒さに震えてじっと待つことなどで、ケモノを狩れると考えていたのだ。

そうした我慢大会でも成果をあげることはできた。複数のアシが見られるケモノ道で何日間もじっとしていれば、いつかはケモノを見ることもできる。だが、そんな待ち伏せや忍び猟を、実際につづけているとなにかしっくりこないものがある。自分という生き物が自然のシステムにうまく入り込んでいる気がしないのである。我慢の先にある狩猟行為はやっていても、なにか違うぞと、頭のなかからシグナルのようなものが聞こえてくるのだ。

今では自分がケモノより優れている部分を生かすことで、うまくケモノとの接点をもつほうがよいのではないかと思っている。目に見える方法論は待ち伏せや忍び猟で変わらない。だが、狩りに挑む姿勢や考え方の方向性は大きく変わったと言っていい。季節の流れや天気の移り変わり、自分の気分、山を覆う雰囲気のようなものをないがしろにせず、何となくという予感を大切にするようになった。

鉄砲の腕まえは、ケモノを見る機会がなければ発揮されない。ケモノとうまく出会えることのほうが猟では重要だ。そして、獲物との遭遇チャンスをあげる方法論はあっても、最終的にはケモノと出会えるかどうかはケモノ次第である。と考えると、猟を司《つかさど》るのはやっぱり猟師の力ではなく、自然の流れのようなものにも思えてくる。

どの考えもまだまだ思案中の途中経過、結論にはほど遠い。

もう少し狩りの世界の奥をのぞきたい。

自分が精一杯生きている手ごたえがそこにある気がする。ただ生きることでは、世界への敬意を表すことができなくなった人間という生物は、感じて、考えて、へ理屈こねて、精一杯生きようとするしかない。それ以外に、この世界に対して敬意を払う方法はないと私は思う。

第八章　狩猟サバイバル山行記2

山を指さしたり、うわさ話の種にしてはいけない。自分よりはるかに大きなものに対してはいつも用心し、きちんと扱っておくに越したことはない。

——北米先住民コユーコン族のことば

入山　〇九年二月五日

あーあ、また寒い冷たい生臭いの三拍子。サバイバル登山のスタイルで冬山に入らなくてはならないのかと思うと、自分で決めたこととはいえ、出発はせつなかった。

サバイバル登山を始めて一〇年が過ぎた。それを冬にまで拡大した冬期単独サバイバル登山は二シーズン目になる。〇八年の二月は、安倍奥から身延《みのぶ》山塊、そして南アルプスに移り、間ノ岳をめざすという二週間の計画で入山し、二日目と六日目に鹿を仕留めることができた。食料調達はまずまずだったが、登山のほうは山行《さんこう》中に豪雪があり、計画の半分以下、布引山（笊ケ岳の前衛峰・二五八三メートル）に登って終了。〇九年はこの続きをおこなうことにした。

朝一番の新幹線に乗り、身延をめざす。余計な荷物を増やさないために本を持ってこなかったので、漫画雑誌「モーニング」を買った。私は週刊の漫画雑誌の連載を一〇本ほど追いかけている。

これから二週間ちかく山に入ると、その連載のいくつかを読むことはできないのが気がかりだ。

身延線に乗り次いで、身延駅で電車を降り、バスで雨畑ダムまで入る。昨年おじいさんと話したことを思い出しつつ、老平から奥沢谷沿いにつけられた道をゆく。昨年の同じ時期に、豪雪で中退しただけに、雪の量が気になりっぱなしだったが、うわさどおり、雪は少なく、昨年とは比べるべくもない。ラッセルに苦しんだところで、今年は落ち葉を踏むことになった。

一二日間分の持参食料は米五キロ、調味料、お茶と砂糖とミルクパウダーである。焼き肉用のごま油も持っている。今年の予定登山ルートは標高が高く、山に入ってしまうと、鹿に出会える場所がそれほど多くなさそうなので、念のため入山早々に鉄砲を組み立てた。今シーズン新調したサイト（照準器）は、ドットサイトという倍率が一倍のサイトで、スコープ（望遠鏡）ではない。それでも、電池を使う照準器なので、今回はわざわざはずしてきた。ひさしぶりに古典的なオープンサイトをのぞきながら、あたりを見回してみる。照準器の向こうには冬枯れの青空。目につく枝や樹の節につぎつぎと狙いを移していく。正直なところ、初日から獲物を仕留めて、これ以上荷物を重くするのはちょっと遠慮したかった。

そしてそんなときにかぎって、ケモノが目の前にあらわれる。昨年一悶着あった廃屋を過ぎて、三〇分も歩いただろうか。小尾根を回り込むように曲がったところで、二〇メートル先に鹿がぼけっと立っていた。反射的に銃を構えて狙いを定める。こんなところで鹿を仕留めてしまったら、荷物がとんでもなく重くなる、という雑念が脳内をよぎったが、その割にはスムーズに引き金を引いていた。

軽い衝撃が肩に伝わり、銃声が谷間にこだました。鹿は跳ぶように道の奥に消えた。やはり、本気でなければケモノを狩るのは難しい。そう思いながら、鹿の立っていたところを見に行くと、そこに小ぶりな雄鹿が倒れていた。

弾丸が背骨を砕いて抜けている。動けないが意識はしっかりしているようだ。物憂げな瞳で私をうかがっていた。ナイフを出し、頭側を斜面の下にして、頸動脈を切る。いつもの手順だが、この鹿は声をあげなかった。鼓動にあわせて流れ出す血流をしばし眺めていた。こんなことに慣れていくのが自分でわかる。

鹿を引きずって斜面を下り、枝ぶりの適当な樹に吊す。それほど大きくない鹿（一歳？）なので、なんとかぶら下げることができた。

腹を開いて出した内臓をそのまま中途半端にぶら下げておく。肛門と咽の部分を処理しないと内臓は取り出せない。左手をぐっと奥に入れて、肛門に近い直腸をつかみ、腸のなかの糞をしごくように寄せる。指と内臓を切らないように気をつけながらナイフを体腔内に入れていき、直腸を切断する。解体していると、自分の指を切っても気がつかないことがある。よく研いだナイフでは痛みを感じないし、両手が血みどろなので、自分の血かどうかわからないからだ。

内臓をでろりと体腔から出してぶら下げたまま、こんどは首を落とす。頭は持って行くことができないので、捨てさせてもらい、あばらに手を突っ込んで、気管と食道をいっぺんに引っ張る。ぬるぬるとして抜けてこない。胸骨の真ん中にナイフを当てて、ナイフの背を、軽く叩くようにして開いていく。胸骨が開いたところで、もう一度気管を引っ張る。ナイフで開いた骨が鋭い角になっていて、ここでも手を切ることがあるので要注意だ。長期山行の初日に、手に切り傷なんかつくったら、ずっと不自由することになる。

咽の部分まで切り開いてようやくのど仏が抜けてきた。ひとまとまりの内臓から心膜をむいて心臓を取り出し、とりあえず獲物は吊り下げたままにして、泊まる場所を探しに行くことにした。夕方は近い。

五〇〇メートルも行くと、道と渓とが近づいているところがあり、小さな平になっていた。荷物を置き、鹿に戻る。内臓を埋めさせてもらって、体腔がからっぽで首のない鹿にビニール袋を着せるようにして肩にかけた。

小さな鹿だったので助かった。宿泊地に戻り、別の樹に吊して、焚き火の用意を急ぐ。出発前の天気予報では、三日間晴れだった。今夜はタープはいらないだろう。

焚き火には注意が必要だ。国立公園の特別保護区では自然公園法で焚き火は禁止になっている。特別保護区以外であっても自由に焚き火をしていい時代ではない。山火事を起こす可能性もある、環境へのインパクトもゼロではない。何より焚き火の跡がありありと残っているのは美しくない。燃料と登山用ストーブ（コンロ）が発展した今、焚き火は登山にとって必要不可欠でもなければ合理的でもない。私はより山に近づいて、自分の力で登りたいという思いから、ストーブや燃料を携行しないで登山をしている。焚き火を熾こす権利を主張したいわけではない。可能な範囲で、誰にも迷惑をかけないよう、自然環境へのインパクトも考えて、最小限の焚き火を熾こさせていただき、できるかぎり、元の状態に戻して立ち去る。それが私にできることだ。

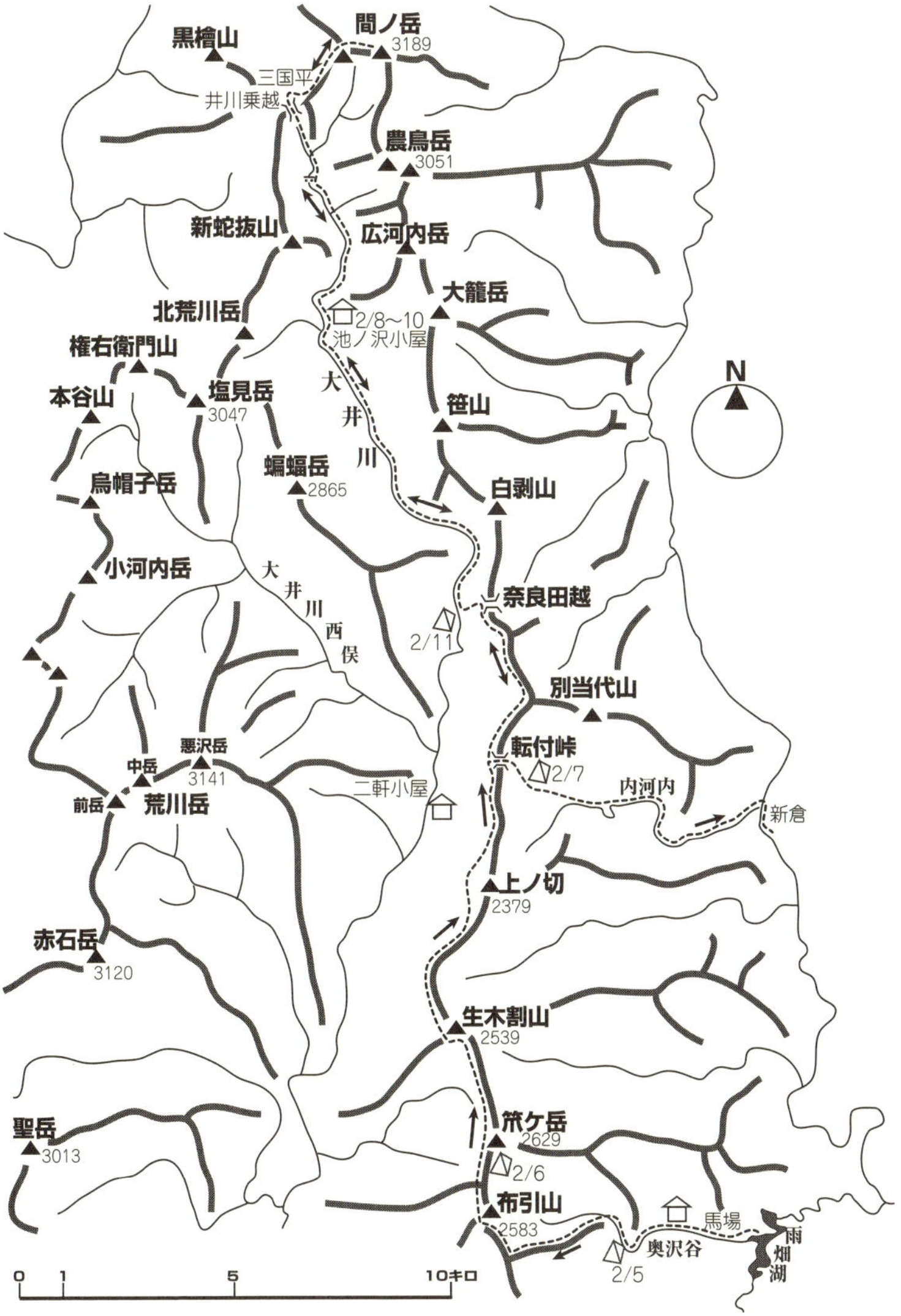
間ノ岳
3189
黒檜山
三国平
井川乗越
農鳥岳
3051
新蛇抜山
広河内岳
大籠岳
北荒川岳
2/8〜10
池ノ沢小屋
権右衛門山
塩見岳
3047
本谷山
大
井
川
笹山
蝙蝠岳
2865
烏帽子岳
白剥山
N
小河内岳
大
井
川
西
俣
奈良田越
2/11
別当代山
悪沢岳
3141
中岳
前岳
荒川岳
転付峠
2/7
内河内
新倉
二軒小屋
上ノ切
2379
赤石岳
3120
生木割山
2539
聖岳
3013
笊ケ岳
2629
2/6
布引山
2583
馬場
奥沢谷
2/5
雨
畑
湖
0
1
5
10キロ

焚き火にお茶用の鍋をのせて、鹿の皮をむく。今回は狩猟山行なので皮をむきながら肉もとってしまう。露出してきた肉をブロック状に切り離していくと、骨と筋だけのがりがりの鹿ができあがっていく。生皮は結構重く、二キロくらいはありそうだ。マットがわりに持ち歩くことにして、内側に塩を振っておく。

短い日照時間が終わろうとしていた。解体作業の傍らに炊いていたごはんと、鹿ハツの刺身、鹿肉の焼き肉が今夜の夕食だ。

二五〇〇メートルの夜　二月六日

朝食が終わったら、燃えさしを焚き火からとりだし、水辺に投げる。荷物を整理して出発の準備をする。できるだけ焚き火跡が残らず、しかも、飛び火が起きないように焚き火を消して、出発。

わかっていたことだが、荷物が重い。ポニョの歌を頭の中でくり返しながら、黙々と歩く。久しぶりの苦行だ。それでも、昨年はラッセルだったことを考えれば楽なものである。がさっと音がして、鹿が白いおしりを見せながら跳んでいった。雑木がカラマツ林にかわり、一五〇〇メートル付近から少しずつ雪が出てきた。樹林がツガになり、二〇〇〇メートルを越える頃にはしっかりラッセルになった。今年は、昨年の経験を生かして、スノーポンというスノーシュー（西洋輪かん）と簡易アイゼンがあわさった道具を持ってきた。重荷でペースはおそいが歩みが滞ることはない。

昨年の最終到達地点、布引山についた頃には日は南中を過ぎていた。一三時といったところだろうか。今日は地形の関係でどうやっても標高を下げられない。稜線上での宿泊が必至である。笊ヶ岳の登りに少し入ったところで、大きな倒木があり、そのまわりを立木が小さく取り囲んでいた。標高二五〇〇メートル。テントは持っていない。もし吹雪にでもなれば、とんでもなく辛い一夜になる。

それがわかっていても、大きなプレッシャーを感じないのは、まだ入山二日目だからだ。信頼できる天気予報を知っているからである。サバイバルのスタイルで長く山に入っていれば、通信機器やラジオから気象情報を得ることはできない。見える範囲の空の状態と身体に感じる風や気温や湿度から天気を正確に予想する能力は私にはない。雪洞を掘るほどの積雪はなく、イグルーを作るにもスコップがない。私がいま自己防衛のために頼っているのは、出発前に得た情報だけだ。

予報どおり、雲一つない夜だったので、タープを天幕にはせず、樹林を使って空間を囲む垂れ幕にして夜を過ごすことにした。タープの長さが足りず、西側に「コの字」に垂らしただけ。周辺はすでに一メートル以上の積雪がある。スノーポンを脱ぐと、腰まで埋まるような積雪だ。もさもさ歩きながら、周辺の立ち枯れを切らせてもらい、幕の内で焚き火を熾こした。

鹿の毛皮のうえにマットを敷き、いったん腰を落ち着けると、もう歩き回る気がしない。周辺のきれいそうな雪を鍋に入れて焚き火で融かす。すぐにきれいな雪がなくなって、枝や葉っぱが浮いたゴミだらけの水になってしまう。それでも、わざわざきれいな雪を集める労力より、ゴミを我慢するほうを選ぶ。お茶は最後の一口は飲まずに捨て、ご飯は木の枝が混じった炊き込みご飯になった。今日も肉を焼き、沈み行く夕日をみながら夕食。日没後、急速に気温が下がっていった。

稜線をゆく　二月七日

夜半から風が出て、厳しい一夜になった。二五〇〇メートルとはいっても笊ヶ岳の少し南側の稜線上は、まだ樹林帯のなかである。それでもちょっと風に叩かれるだけで、自分の性能が落ち、動きが緩慢になっていくのがわかる。

雪を踏みかためて熾こした焚き火は夜のうちに雪を融かし、八〇センチほどの縦穴になってしまった。苦しい態勢、けむい焚き火でなんとか朝食。周辺は面倒になって放りだした道具や、転げてきた雪片などで乱雑な状態になっている。

この先の計画に思いを馳せた。さらに北上して標高を上げたら森林限界を超えて行動することになる。天気予報がわかっている樹林帯のなかですらこれでは、この先、気象の変化を予測できない状態で、森林限界を超えて、夜を過ごすのはリスクが高すぎる気がした。ハッキリ言って怖い。

この長期山行が、ひとときの我慢や火事場の馬鹿力で丸め込むことができないことは、これまでの経験からよくわかっていた。寒気や悪天からダメージを受け、それを不用意に蓄積すれば、知らないうちに肉体的にも精神的にもやせ細り、あるときポッキリ折られる可能性がある。タープと焚き火で笊ヶ岳から間ノ岳まで歩き、山頂を踏んで生きて帰るには、標高を下げ、宿泊地を厳選しながら前進するしかない。

条件のよいキャンプを確保しながら着実に前進する。それは、過去の登山者や探検家が採用した極地法と同じである。おそらく極地法とは乏しい装備が導く、当たり前の戦略だったのだろう。昔の猟師が山に小屋を用意しておいたことや、岩小屋などの情報を大切にしていたのも似たようなことにちがいない。安全を確保してキャンプ地を前進させながら目標に迫る。軽量、速攻が最上のスタイルとされる現代においては、古臭く時間も労力もかかる方法だが、テントも火器も持たず、気象情報もわからなければ、極地法のようなスタイルにならざるをえないのだ。

サバイバル登山をしていると、知らず、昔の人に思いを馳せていることが多い。装備を持たない私と似たような状況を捜して参考にしようとすると、いつのまにか時間を溯ることになるのである。

ふたたび重荷のラッセルを開始。ツガの森を登ってゆく。

笊ヶ岳の山頂はそこだけ樹林がなく、南アルプスの展望台になっていた。単独行者のものとおもわれる新しいトレースがひとつ。ランカン尾根を上がってきたらしいそのトレースを追うように北上すると、生《なま》木《き》割《わり》山から大井川に下っていた。大井川横断を目論む単独行者なのだろうか。トレースが転付《てんつく》峠までつづいていると思い込み、今日はちょっと楽ができると期待していたが、私は私の道をゆくしかない。ツンと冷えた空気のなか太陽と争うように歩みを速める。稜線を巻くためにつけられたトラバース道のラッセルがつらい。今日はアルゴリズム体操の歌が頭のなかを流れている。

入山前の青写真は、転付峠までの前半戦をさっくり終わらせて、転付峠から内河内《うちごうち》流域に下りて狩りを行ない、肉を調達してから先に進むというものだった。思いがけず初日に鹿を仕留め、そのぶん荷物は重くなったが、とりあえず食料調達のことは考えなくてよくなった。

峠に近づくにつれて樹林はカンバとカラマツにかわり、雪が重たくなってきた。カモシカの足跡が確認できる。日は残照になり赤みを帯びている。峠にたどり着き、急いで登山道を東におりた。転付峠はこれまで何度も越えており、東側に冬でも枯れない水場があることと、その水場の近くに、木材の集積場のような平地があることを知っていた。

風を避けるように稜線を背にしてタープを張り、夜を迎える準備をしていると、年配の登山者が二人、汗をかきながらあがってきた。二月の南アルプス中部など誰もいないだろうと思っていたのでちょっと驚きだった。

おじさんの腕時計が目にはいる。一五時ちょうどを差していた。すかさず周辺を見渡して、光の具合を頭に刻み込んだ。

おじさんたちは悪沢《わるさわ》岳をめざして、今日は二軒《にけん》小屋まで行くという。私も笊ケ岳の稜線をたどってきた行程を簡単に説明した。天気予報に関して聞こうかどうか下腹部がゴニャゴニャするような葛藤をした挙げ句、尋ねてしまった。明日はいいらしいが明後日の午後遅くから崩れるという。

「じゃあ、お二人の悪沢岳登頂は？」

「明日、千枚《せんまい》小屋にあがって、明後日の午前中アタックすれば間に合うでしょう」とおじさんが言う。計算上はそのとおりだ。「そのまま二軒小屋までおりちゃうから」

話しながら、自分の計画にその天気予報を当てはめていた。私の計画は間ノ岳登頂である。明日、必死に歩いて池ノ沢の放棄小屋まで歩き、翌日間ノ岳アタックという、おじさんたちと同じタイムスケジュールが可能だろうか。無理ならば、間ノ岳登頂は悪天をやり過ごした後になる。昨年のラッセルが思い出される。深い雪では、池ノ沢放棄小屋からの長駆アタックは難しい。かといってア

三泊目、転付峠の夕食。焼き肉丼。

タックの途中に野宿を挟むとなると肉体的にも精神的にも厳しいだろう。

うわの空の私に「明日は下山？」ともうひとりのおじさんが聞いた。今まさに山に向かっている高揚感のようなものが言葉尻から伝わってきた。私が登ってきた笊ヶ岳より、自分たちが登ろうとしている悪沢岳のほうが格が高いといわんばかりだ。

そうです、といってしまえばよかったのだが「間ノ岳まで行こうと思っているんですよ」とほんとうのことを言ったので、少し鼻白んだようだった。

「白峰南嶺から？」

「いや、奈良田越《ならだごえ》から大井川に下りて」

「こんなもんで泊まって、天気が悪くなったらどうするの」とおじさんがアゴでタープを差した。

「悪天時は標高を下げるつもりなんですよ」

ふーん、という感じでおじさんたちは転付峠に登っていった。

私は雪の上に張られたタープを見た。たしかにこんなので吹雪いたらどうなるのだろう。夜中にアクシデントが起きたら、いったいどうやって標高を下げるのだ？

夕食は今夜も焼き肉丼である。

冬の大井川源流　二月八日

稜線から風の音がしている。おじさんたちの天気予報を信じるなら、がんばって池ノ沢の小屋まで入りたい。下山にも転付峠を使うつもりなので、いらない荷物をデポしておこうと考えたが、鹿の毛皮しか思いつかなかった。鉄砲も装弾もこの先使いそうにないが、置いていくわけにはいかない。

廃棄された林道を使って奈良田越までラッセルし、同じく、ヤブに戻りつつある林道を大井川に下りた。稜線上は狩猟可能地区だったが、この寒さでは鹿のアシはもちろん、カモシカのアシもほとんどない。林道から見える主稜線は雪煙を引っ張って、うなりを上げている。もし今日がアタック日だったら、登頂は無理だったろう。

大井川沿いの林道は複数のポイントで崩れていて、いやな巻きになる。雪はモナカ状（表面が硬く、なかの柔らかい歩きにくい雪）で進まない。夏は鹿がたくさん棲息するところだが足跡はない。季節移動をしているのだろう。

必死で歩いたので、広河原に着く頃には靴擦れができていた。壊れた林道沿いには屋根の落ちたプレハブ小屋。そのうちのひとつに二〇年近く前の正月に泊まったことがある。塩見岳《しおみ》をめざして仙塩尾根を歩いていて、メンバーがケガをし、大井川に下りたときのことだ。ひどいラッセルのなか、廃屋になった飯場を見つけて喜んだのが懐かしい。

崩壊した林道が途切れ、大井川の河原におりた。二キロほど先まで見渡せる日本ばなれした大雪原になっていた。水流はほとんど雪の下で、心配していた徒渉はなかった。サンクラスト（太陽の光でゆるんだ雪面が凍って硬くなること）した雪面に助けられて、まだなんとか西日が残っている時間に小屋に着いた。小屋には薪が少しだけ積んであり、疲れた体にはありがたかった。

夕食の準備を進めながら、日がなくなる前に地図を広げ、間ノ岳に至る方法論をいろいろ考えた。おおざっぱにわけると、途中で一泊するか、しないかである。日帰りで往復できるなら楽だが、ヘッドランプを持っていないので、日没が怖かった。一泊覚悟で日帰り登頂に出発するという手もある。装備が増えるぶん、スピードが落ち、一日で帰ってこられない可能性が高まる。最初から二日間のつもりでいくなら、上の二俣で泊まるのがいいだろう。激しい降雪があれば、二日間の計画が良さそうだ。

だが、小屋という空間に逃げ込んでしまうと、正直なところ雪のなかでこれ以上野宿するのがいやだった。雪まみれで冷たいうえに開放感がありすぎて寒い生活をするぐらいなら、雪が降る前にダメもとでワンデイのアタックをかけてみるほうがましに思える。

鹿肉の焼き肉とご飯という夕食を食べ、日帰りでアタックと心を決めた。太陽が南中を一〇度過ぎても山頂に着いていなかったら引き返す、雪が降ってきても引き返す、あとはその場で考える。おじさんの天気予報が当たるなら、小さなアクシデントも許されない。

間ノ岳へ　二月九日

黎明を見逃さないように起き出した。小屋の中は真っ暗だが、囲炉裏に焚き火を熾こし、朝食を急ぐ。日のあるうちに帰ってこられるかどうかが、大げさにいうと成功（＝生存）につながっている。好天なら一晩のビバーク（不時露営）くらい我慢できる。だがヘッドランプ（電灯）がないので、日没→露営→吹雪となったら、そのさきはどうなるかわからない。久しぶりにヒリヒリするような不安に包まれて、生きることに焦点が合っていく気がした。純粋な死の恐怖。利那的でも突発的でもなく、自分自身の状況を冷静に判断したうえで受け入れた、じっとりとまとわりつくような死の不安。ひとりで静かに死の可能性と戯れるのも、山の楽しみだ。

小屋にあった小さなツルハシと持参した軽量ピッケル、スノーポンが雪稜用の装備だ。ご飯を食器に入れ弁当にする。大井川はほとんど雪の下で、溯るのに技術的な問題はなかった。ゆっくりゆっくりと自分に言い聞かせ、ラッセルをくり返す。

これまでの登山経験と照らし合わせれば、二月とはいえ、間ノ岳の登頂は技術的にも体力的にも充分余裕をもってなし遂げられる登山だ。しかし、今回のようにほとんど着の身着のままだと話は違う。

装備をわざわざ貧弱にして高めたリスクは、正しい登山のリスクとは言いがたい。それはわかったうえで今回は荷物の軽量化と、装備に頼らない登山をめざしてきた。通常の冬山登山で持って行くことが当たり前になっている装備が、どれだけ頼りがいのある装備なのかがいまよくわかる。私は一〇時間後の夕方にここに戻ってきているのだろうか。

頭のなかで不安が二重三重に重なっていき、歩行のテンポがついつい上がり気味になる。空はまだ鈍い青だが、上空は風が強いのだろう崩れた雲が伸びている。

魚止めの滝は小さな氷瀑になっていた。アイゼンピッケルがあれば楽しく登れそうだが、今は旧道を使って巻き上がる。上流に間ノ岳につながる斜面が広がった。どこを登るのが楽だろうか。雪崩の心配から尾根状の斜面を候補ラインにしていたが、積雪は安定している。そのまま乗越沢を詰めることにした。

ボウル状の乗越沢を黙々とラッセルし、井川乗越にあがった。ほとんど休憩らしい休憩をとっていない。いったいどのくらい時間が経過しただろう。

雪の状態を確かめるように、じっくり主稜線をたどる。風は強いが、雪はそれほど硬くない。樹林帯をぬけ三国平に上がった。

広い稜線の台地を風が西から東へ抜けていた。クラストが強くなったので、スノーポンを外して分解し、あらためてクランポン（アイゼン／凍った雪の上を歩くために靴に装着する金具）部分だけをつける。アイゼンとは言いがたく、豪華な軽アイゼンといった様相である。スノーシュー部分は荷物になるのでハイマツにくくりつけておく。目の前につづく三峰《みぶ》岳、そして間ノ岳への稜線はやせているように見える。いま手足にしている装備で三〇〇〇メートルの稜線を歩くのはやはり不安だった。右手に小さなバイル、左手には池ノ沢小屋にあった極小ツルハシを持ち、一歩一歩確認しながら歩みを進める。空模様も気になる。南西の山はすでに暗い雲に覆われて霞んでいる。恵那《えな》山だろうか、あっちはもう降りはじめているのだろう。

安全なラインをじっくり観察しながら入り組んだ岩稜をたどって高みをめざす。リスクの高い動きは極力さけて、丁寧に歩みを進めた。地形によってはかなりの風が吹いているが、ここまで来てしまえば焦る必要はない。

山頂直下の斜面まできて、いよいよペースを上げ、息を切らして間ノ岳に駆け上がった。

周辺に自分より高いところがない地点に立ち、深呼吸。耳の奥がドクドクと鳴っている。ようやくここまで来た。空は高曇りで嫌な感じだが、農鳥《のうとり》岳をはじめ近くの山々はまだ雲の下に見えている。ざっと三六〇度見渡してから、写真を撮って、すぐに下山を開始した。

しばらく下りて、風のないところを見つけ、コンパスを出した。太陽は高曇りの向こうにぼんやりとしている。正確な位置はわからないが、南中の少し前というあたりだろう。一二時をまだまわっていないはずだ。タイムリミットまではじゅうぶんな余裕がある。

「よし勝った」という思いが心にじんわりひろがった。自分の不安にうち勝ち、自分が今回もまた、自分の思っていたような人間だったと、証明することができた。

自分のトレースを丁寧にたどりなおし、三峰岳をこえ、さらに標高を下げて、三国平にもどった。スノーポンのスノーシュー部分を回収し、組み立てなおして、足に装着する。ここまで来てしまえばこっちのもの。登頂に向かうときは一歩ごとに帰るべき場所から遠のいていき、帰路は一歩ごとに帰るべき場所に近づいていく。大きなミスをしなければ、明るいうちに小屋に戻れることはもう確実だ。大井川に降り立てば、リスクはほぼ消える。

そして自分のトレースを黙々とたどって大井川に降り立ち、谷を下降して古い林道にはいり、池ノ沢の小屋のうえの広河原にでた。一五時くらいだろうか。まだ天気はもっていて、ときどき雲のあいだから、日の光までさしていた。

二月の間ノ岳に着の身着のままで池ノ沢から往復する。いや、笊ケ岳から間ノ岳まで、テントもストーブもなしに登山する。そんなこと誰もしようとさえ思わないだろう。でも私はやった。やってみたらできてしまった。今朝ここを歩いているときに、不安だったのがなんだかバカらしい。

装備をあえて持たないというのは、ねじ曲がったこだわりだ。登山に正道があるなら、最新装備を使って、より厳しい登山をするのがそれだろう。だが、装備を持たないと山に近づけるのも事実である。地球に近づいているといってもいい。ストーブとテントは「火」と「空間」だ。この二つを持って歩けるというのは、すごい安心とともに歩くということである。軽くて性能のよい現在の装備なら、重量によるパフォーマンスの低下を受けないまま、高い防御力を得ることができるのだ。

装備とは当たり前のものだった。その存在を気にかけたことなどなかった。当たり前だったゆえにいま、その装備を持ち歩かないと、そこに隠されていた不安が顔を出す。こだわりで作り出した不安だが、その不安は本来自然のなかにある不安だとおもう。人間はその不安を人工的に取り除いてきた。私は、その人工的な部分を個人的に忌み嫌うことで、再確認しているのだ。装備と食料を最低限にすることで、山のなかで鹿を殺したり、岩魚を殺したりすることを正当化しようとしている面もある。効率を考えたら、立ち枯れを探して雪の中で焚き火をしたり、悪天を恐れながら夜を過ごしたりするより、軽くて頑丈で便利な道具を持ち込んだほうが楽である。食料に関しても鉄砲と弾丸の代わりにその重さだけタンパク質を持っていれば余裕をもって一〇日は歩ける。

冬のサバイバル登山は食料に関しても、装備に関してもまだまだ検討の余地がある。フェア度は少々高くなっていても、合理的とは言いがたい。だがやっぱりおもしろい。

小屋までの広河原には自分の足跡がついていた。数時間前の不安を思い出しながら、それをゆっくり踏みしめて歩いた。あたりにはもちろん誰もいなかった。遠くに見える尾根の末端まで行けば池ノ沢の小屋がある。そこまでたどり着けば、少なくとも十数時間の命の危険はなくなり、体の疲れも、精神的な摩耗も一回リセットできる。

そしてまた、あらためて「誰もいないな」と思った。誰もいないのに、初日に鹿を撃ち、その肉を食べながら、野宿をして、山に登れた。また今回もひとりでできた。そう思いながら肩の力を抜き、息を吐いた。

その瞬間、自分がスッと風景にとけ込めた気がした。自我が消えて、この大きな山塊《さんかい》を構成するひとつの要素になれたような、そんな気がしたのだ。それは透きとおっていながらも存在感のある純粋な感覚だった。

それが長いこと探し求めていた感情のような気がして、私は思いが消え入ってしまう前に、その正体をあわててたぐり寄せようとした。欲がすぐに自我を呼び、私はいつもの自分に戻ってしまった。山にとってはただの闖入者であり、鉄砲を持ったプレデターである登山者がひとり、そこにいるだけだった。透きとおった感情を呼び込んだ鍵を探して、なんども自分の思考過程をたどってみたが、何がきっかけだったのかすらわからなかった。

自分の存在を感じたくて山に登り、狩りをしているはずだった。

自我が消えた状態で、大自然の一要素になりながら存在しつづける、というのは自意識を超えたさきにある欲なのだろうか。ちがう、自意識を激しく発揮してなお、大自然の前にほとんどその存在が無になるような瞬間を求めている気がする。自我を発揮すればするほどその自我そのものが自然のシステムになっていくような、あるがままの世界に生きてみたいのだ。

　寒さに耐え、ケモノを狩り、不安とともに長期間山に登ってようやく、ヒントのようなものがちらりと見える。私の求めているものはそれほど面倒なものなのだろうか。

　さっきの淡い感覚は、ほんのすこしずつだが何かに近づけているのかもしれないと自分を励ますことができる感覚だった。私は私が望むように深くなっているのだろうか。私は世界をきちんと扱えているのだろうか。


　小屋の奥に過去の登山者がおいていったと思われる味噌があり、鹿肉の味噌煮込みをつくってみることにした。

　時間をかけて煮込んだ肉は軟らかく、焼き肉より食べやすく、いくらでもお腹にはいっていった。ろうそくのあかりで土間に落ちていた枝を削って、歯につまった肉をとった。冬のサバイバルではこの作業が重要だ。野生肉は筋張っていて、歯に挟まるので、これをやらないで放っておくと歯茎が腫れてきてしまう。歯の手入れをしながら、家に帰ったら何を食べるか、何をするかばかり考えていた。登山も後半になると食べ物のことばかり考えるようになる。近年は、家族のことも考えるようになった。持参した皮手袋がすっかりごわごわになっていて、それを目にするたびに長男の野球グラブがごわごわだったことを思い出した。下山したら保革油を塗ってやろう。わが家の土鍋は九号で、五人家族には小さくなってしまった。大きい土鍋を買って、みんなでゆっくり鍋物をしたいと思う。水餃子も食べたい。

そんなことを考えると泣きたくなり、もうひとりの自分がそれを笑う。

休養日　二月一〇日

外は晴れていた。雪雲は夜中にうっすら雪を積もらせただけで去ったようだ。空には西高東低の気圧配置の残骸と思われるちぎれ雲が流れている。

どか雪に閉じこめられたら、ここからひとりで脱出するのはかなりの労力になる。だが、どうやらその心配はなさそうだ。今日は休養日として、ゆっくりすることにした。目的の山には登頂したので、登山もいよいよ最後の仕上げという感じである。今回は、とくに失敗といえる失敗をしていないな、と思った。いつもなら、大事な食料をこぼしたり、大事な装備をなくしたり、小さなケガをしたり、といったことがあるが、今回はここまでミスが起こっていない。

そんなことに気がついたのが、いやな予感である。弱気な気持ちをふり払うように、仕事をすることにした。まず、貯蓄されていた薪に助けられたので、薪をつくる。平行して昨日成功した鹿肉の味噌煮込みをもう一度。ショウガがあればなあ、と思ったが、ショウガがあれば、こんどは大根か白菜があればと思うのだろう。煮込んでいるあいだに、小屋のまわりで日当たりを悪くしている立ち枯れを切ってくる。

天気は安定しているようなので、大井川に下りてぐるっとあたりを散策した。厳冬期の大井川は幻想的だ。前も後ろもずっと雪原が広がっている。

小屋に戻り、なにか豪華な食べ物をつくろうと思い立った。考え抜いたあげく、手持ちの食料でできる最大限の贅沢は焼きおにぎりだろうという結論に達した。ケモノの脂と焚き火の炭で真っ黒な手を雪でよく洗って、おにぎりをふたつにぎり、味噌を塗って焚き火で焼く。すべてが順調だと思った矢先に、ヒジがちょこっとおにぎりにぶつかってしまった。おにぎりがひとつ、スローモーションのように土間に落ちて転がった。

朝、まだミスをしていないと気がついたのは、この伏線だったらしい。

極地探検の英雄　二月一一日

下山までの行動時間はあと一四時間といったところだろう。一日では下山できない。テントがないので、いけるところまで行って、宿泊するという選択肢もない。風と寒気にやられにくいところで、何とかもう一晩耐えなくてはならない。

ゆっくりとケモノの足跡を観察しつつ大井川を下った。大井川にはかつて林業が盛んだった頃の残骸ともいうべき林業小屋が複数放棄されている。今では屋根も落ち、土砂に埋まって使うことは叶わない。それでも林業小屋があるたびに、閉じこめられて止まったままの時間に惹きつけられるように、なかを覗いた。

ある小屋で強烈に個性を放って目を引くものが視界に飛び込んできた。足早に近づいて手に取ると、古い登山用のストーブ（コンロ）だった。放置されて何年になるのかわからない真鍮のタンクには侵食されたようにところどころ青い斑点が浮かび、全体的にくすんでいる。小さな文字で刻印された注意書きには英語やフランス語などに混じってアラビア語まであり、大きく「キング・オブ・ストーブ」とトレードマークがプレスされていた。隣にはメイド・イン・スウェーデンとある。

ストーブから醸し出される迫力に「本物だ」と思いこんだ。他の部品はないかとあたりの床を見回したが、それらしいものは見あたらなかった。この山行を通して、気象条件の厳しい地域での人間の行動の限界と火を持ち歩く能力に関して考えつづけてきた。サバイバル登山を通して、薪を集め、焚き火を熾こし、その日の炊事をして、暖を取るありがたさと大変さを実感してきたつもりだ。ちょっと大げさにいうなら私は、火を持ち歩くことの意味と価値を体験を通して知っている人間だということができる。その私が火の力を最も強く実感したこの登山の大詰めで、登山火器の原型ともいえる初期型ストーブに出会ったのだ。

「いつからここにあるんだろう？　あのナンセンやアムンセンの探検記にあったストーブなのか？　一〇〇年前ということは考えられないが、その原型にちかいかもしれない」

鉄砲の入った荷物は充分に重く、身体も疲れていて、荷物を増やすなど考えたくもなかったが、手にしているストーブのタンクを、廃屋に放り投げることはできなかった。

大井川沿いの林道を自分の足跡をたどり戻る。状況がわかっているだけで、精神的に楽だ。行きになかったケモノの足跡を探すが、林道に新しいアシは踏まれていなかった。

峠の登りにかかるところで大きな倒木を見つけ、それを風よけにして泊まることにした。銃にカバーをかけて、木に立てかける。寝る場所を決めて整地する。ザックから荷物を出し、設営の準備。

数時間前に拾ったストーブをもう一度まじまじと見たいという欲望を抑えて、生活の雑事をこなしていく。宿泊地を整えたころから雪が降り出しはじめた。虫の大群のように空を舞う雪片に不安がつのる。明日中に下山できるのだろうか。この雪が二〇センチも積もったら、かなり厳しいことになりかねない。

明日の心配は明日しよう。今は今できることをきちんとやるしかない。薪を集め、焚き火を熾こし、タープの設営、そして炊事と仕事は山のようにある。

炊きあがったご飯を食べながらまた、拾った真鍮ストーブのことを考えていた。ほんとうに年代物だったら、ものすごい値段がつくかもしれない。もしかしてアムンセンが南極にもっていったものと同型だったらどうしよう。ストーブを修理して山に登ったらどんな気がするのだろうか。

たとえばアムンセンなんて名前の山があったら、ストーブと一緒に登ってみるのも面白い。くだらない語呂合わせだが、私はこういうのがけっこう好きだ。ナンセンなら、仙丈《せんじょう》岳の南面とか南稜なんか悪くないが、そんなラインはない。どうせなら北の大地のほうがイメージには合っている。北海道で登りたい山といえば利尻《りしり》山だが……。

爆発的にピンと来た。利尻のバリエーションルートで有名なのは南稜と仙法師《せんぼうし》稜である。たしか二つのラインは最上部でジャンクションするはずだ。となれば南稜と仙法師稜がぶつかる場所はまさしく「ナンセン」なのではないか。

ノルウェーの英雄が呼んでいる……とまで考えてさすがに自分を笑ったが、あながちきらいな笑いではなかった。少し幸せな気分で、今は家に帰ろうと思った。夢や目標があるのはいいことだ。

街へ　二月二日

天気がよかったのと、天気がいいうちにとがんばったために日数を残しての下山だ。仕事の休みはとってあるので、山に残って狩りをしようかとちらりと思ったが、仕留めたときに持ち帰る算段がないと、遊びの殺しになってしまう。靴擦れもひどいので帰りたい気持ちがまさっている。

昨夕降った雪の積雪は数センチというところ。その雪が風に飛ばされて、四日前の足跡は埋まっていた。奈良田越までゆっくりゆっくりラッセルしながら登る。雪面に一筋残る足跡はカモシカだろう。昨日確認した新しいアシは、林業小屋の近くにあった鹿の群れと思われるものだけだった。たとえ静岡県で狩猟登録していたとしても、二軒小屋より上流部は保護区のため猟はできない。それでも鹿の季節移動には興味がある。かつては、山でケモノの足跡を見ても、その動きなど想像もしなかった。

ケモノの足跡と交差するように、私の不細工な足跡が雪面につづいている。山に似つかわしい足跡だろうか。なんで自分がここに存在しているのか。間ノ岳からの下山で感じた透明感のようなものはなんだったのだろう。

認識力が高く、複雑な社会を作りえているからといって、人間がえらいわけではない。山に入ればそんな当たり前のことがよくわかる。生きて存在しているという意味においては命になんの変わりもない。私も、他の動物も自分の生を必死に生きる、それだけだ。必死に生きるさきで、ある生命が別の生命と交差して片方がもう片方の食料になることがある。だが喰う側が強いとか、えらいとかいうことはない。種としての生きる戦略が違うだけだ。

ケモノを狩ることを登山の方法論にしたいと思った。人としてちゃんとケモノを殺してちゃんと食べたいと思ったからだ。その「ちゃんと」が、山で生き残るために命を食べるというサバイバル登山だった。うまくできているのかはわからない。だが世界をきちんと扱わなければ、世界から自分がきちんと扱われることもない。きちんと登山をしないと、登山としての正しい手応えが私に返ってくることはないのだ。世界をきちんと扱う、もしくは扱おうとする——それが私の登山が現在たどり着いている結論であり、その方法論が狩猟サバイバルなのである。

効率を考えれば、単独の冬期山行の食料調達を鉄砲に頼るという方法は、まだまだ検討の余地が残っている。しかし、経験の絶対値を考えるなら、狩猟山行という経験は、私のなかに新しいものをつぎからつぎへと生み出している気がする。

生き物を殺してそれを食べて生きるなら、生き物と共にしか生きられない。もしかしたら、猟師とはそんな世界観を緩やかに共有する思想集団だったのかもしれない。

白峰南嶺の稜線にあがるとさらに風が強くなった。ここにある新しい足跡もカモシカだろう。本気で追いかければ追いつきそうだ。自分のトレースは消えていて、思った以上に時間がかかった。慎重に、丁寧に、それでいてテンポを守って先に進む。

転付峠には、五日まえに会ったおじさんたちの新しい足跡が残っていた。登頂したかはともかく、下山はしたようだ。東の斜面に入ると、標高を下げるほどに積雪は消えていった。日溜まりの斜面はカモシカのかっこうの住処《すみか》になっていて、私が足早におりていくと、カモシカもあわてて下っていく。

内河内沿いにつけられた道に入り、いよいよ街が近づいてきた。鹿の足跡が多く、変電所のところで、斜面を数頭の鹿が駆け上がっていくのに遭遇した。国道に出て、バス停についたが、時計がないから意味がなかった。時計をさがして道路をさらに下っていくと、車の掃除をしているおばさんにあった。時間とバスのことを聞くと、時刻はとうに昼を過ぎていた。バスは自由乗降区間だからどこからでも乗れるという。バス停で待っているほうがなんとなく落ち着きがいいのでつぎのバス停まで歩くことにした。

一軒の家の前に、エンジンをかけたままの車がとまっていた。ヒッチハイクという思いが頭に浮かぶ。

道路から敷地をのぞくと、軒先きでおじさんとおばあさんが話していた。

あいさつをしてから「この車は街のほうには行きませんか」とさも荷物が重いような振りをして聞いてみた。

「いかねえなあ。行くなら乗せていってやるんだけどなあ。どこ登ってきたの?」とおじさんが言った。とくに私の存在に驚いたふうでもない。それでも質問には計画を縮小して答えることにした。ほんとうのことを言うと長くなる。

「商店みたいなものはどこまで下ればありますか」と聞いた。

「かなり下りなくちゃないぞ。なに買うんだ？」

「パンなりお菓子なりを食べながらバスを待とうかとおもって……」

話の展開がまるでせびるかのようだったことに気がついて、私はあわててその場を後にし、すこし先に見えているバス停に向かった。つぎのバスまではまだ一時間あった。

バス停の横にザックをおいて座っていると、おじさんの車が発進して去っていった。しばらくしてから、よたよたとおばあさんが家から出てきて、私に向かって手に持った何かを弱々しく振り上げていた。放っておくとそのまま力尽きてバッタリ倒れてしまいそうなので、私はおばあさんの家まで走った。

手には菓子パンと缶コーヒーがあった。もはや遠慮するわけにもいかず、受け取ると、「これを食べながらバスを待ちなさい」とおばあさんがゆっくり言った。

「はい」とだけ答えて、お礼を言った。

ふたたびザックに戻り、座ってパンを開封した。なんだかボサボサとして変だった。袋を裏返して正味期限をさがすと、予想どおり正味期限はひと月以上前にきれていた。それでも試しにひとくち食べてみると、充分食べられ、それどころかなかなかうまかった。

カスタードクリームが入ったヤマザキパンの菓子パンだった。カスタードといえば、乳製品である。あたったらただではすまない系統の食品だ。強力な防腐剤がたんまり入っているのだろう。腐っていないことより、そんな食品がいまだに存在し、それどころか実際にその防腐能力を発揮する環境がこの世にあることのほうが驚きだった。しかも、奇妙な出会いとやり取りの末に、私のところに回ってきて、今朝まで自然食の権化みたいな食事をしていた私が、それを食べているなんて……。

パンを食べ終わったころに、こんどは下山して最初に話しかけたおばさんが、掃除の済んだ車であらわれた。地域一体に届けるものがあるので、下のバス停まで乗せてくれるという。街まで出るには、いま待っているバスに乗ることになるが、下のバス停からなら千円近くバス代が節約できるらしい。

なんて優しい人なのだろうという感慨は、おばさんの場合も最初だけだった。私の財布の心配というよりは、おばさんの暇つぶしだったようで、旦那さんが山好きで毎週のように山に行くという話をおばさんは運転しながら絶えまなくしゃべりつづけた。

それでも、車が公共温泉の近くにさしかかり、温泉の看板が目にはいると、私もおばさんもほぼ同時に、バスがくるまでの最良の時間の使い方に思い当たった。

話し相手がいなくなるのがおばさんは少し寂しそうだったが、私は車を降りて、足早に温泉に向かわせてもらった。ゆっくり入っている時間はなさそうだが、それでも、お湯に浸かる安堵感を懐かしく思い出していた。

エピローグ

太い木の根元に丸く盛られたような毛皮の塊に、ゆっくりと近づいていった。毛皮はやはり鹿の毛皮に見えた。

待ち伏せしているところにあらわれた二頭の鹿に撃ちかけたのはほんの数分前のことだった。前を歩いていた鹿に二発撃って外し、三発目は自信をもってうしろを歩く鹿に放ったが、その鹿も走り去っていた。

目の前の毛皮の塊は、そのうしろを歩いていた鹿なのだろうか。だとすれば私にとって三頭目の獲物ということになる。

そっと近づいて獲物と思われる物体の奥をのぞき込むと、毛皮の下から赤い液体がひと筋、流れ出しているのが目に入った。毛皮に手を触れるとまだぬくもりがあり、そのままつかんで持ち上げると小ぶりの鹿が足をたたんで眠るように事切れていた。

一度はあきらめた鹿を、実際には仕留めていたという状況がすぐには飲み込めぬまま、おおおおお、と声を漏らし、それが呼び水になって「よぉし」と声をあげながら拳を握っていた。

撃ったあとは、まったく血痕が見つけられなかったが、やっぱり当たっていた。なぜ、血痕がひとつも落ちていなかったのだろう。鹿の身体を調べると弾は狙ったとおり、鹿のど真ん中を抜けていた。胃袋の内容物が傷口を塞いだようだが、それにしても……。

仕留めた鹿はそれまでチームで狩ったものを含めてもいちばん小さかった。その気になれば持ちあげることもでき、二〇キロくらいだろうか。

そのとき、下からまたピイ、ピイ、と鹿の鳴き声が聞こえてきた。

逃げ切った一頭目の鹿が、連れ合いと合流できずに呼んでいる――。

その鹿は撃つ前から諭すように鳴き、そして射撃後も、ずっと仲間を呼びつづけていた。

その鳴き声に含まれる不自然さが頭に引っかかって、目の前の小さな鹿に目を移した。何度見てもこれまでの経験でもっとも小さい鹿だった。

状況証拠を並べれば引っかかっていた疑問を解くのにたいした苦労はいらなかった。いやな感じが体内に膨らんでいき、淡い吐き気とめまいがした。

二頭の鹿は、親子――母と子だったのだ。

そう考えれば、普段は鳴かない鹿が諭《さと》すように鳴いていたのも、一頭目が私に銃撃されながら止まって後ろをうかがったのも、あとからついてきた二頭目がどうすればいいかわからずに私の真下にたたずんでいたのも、そして、さっきから呼び寄せるように鳴きつづけているのも、もちろん事切れている鹿のサイズも、すべての筋が通っていた。狙っているときは無我夢中で、鹿の大きさまでに気が回らなかった。だが、今はよくわかる。私は、母子の鹿に向かって発砲し、子供だけを撃ち殺したのだ。

獲物を手に入れた喜びのなかに、やり場のない悔恨が混じっていた。同時にそれが感傷であることもわかっていた。すべての生き物は母親から生まれてくる。どんな生き物を殺そうとそれはかならず母親の子供なのだ。母子だから取り立てて可哀想と思うのは感傷と偽善である。だが、私も人並みの想像力をもっている。妻も子供もいる。自分の妻子が、圧倒的な力をもつ別の生き物に襲われて、子供だけが殺される。そんなときあふれ出す感情に思いを馳せることぐらいできる。

もはや生き返ることのない子鹿を木に吊しても、まだ下方から母鹿が子鹿を呼んでいた。私はその鳴き声に向かって「うわぁー」と意味のない叫び声をあげた。

内臓を出した子鹿は軽く、ザックの上に載せてそのまま担ぐことができた。

これが私が仕留めた三頭目の鹿である。

持ち帰って食べたその子鹿の肉はそれまで食べた鹿のなかで、もっともおいしかった。肉はやわらかく、ねっとりとしていた。頭などのにおいの強い部位は、ちょうどいいうま味でしつこくなかった。私のなかにあった悔恨を、子鹿の味がそっと包み込んでいった。食欲に勝るような理性は、少なくとも私は持ち合わせていないらしい。

いま思えば、叫び声をあげて斜面の下で鳴いている母鹿を脅すべきではなかった気がする。私は母鹿に、「お前の娘は私が食べるよ」ときちんと言葉にして伝えるべきだった。それはわれわれ人

間の言葉だが、声に出せば音のつらなりがそこに含まれる意味を伝えてくれたのかもしれないし――ずっと昔、人が動物にも、動物が人にもなれたなら――いや、伝わる伝わらないを超えて、やっぱりそれが私がすべきことだったのだといまは思う。

命を食べるなら、命とともに生きるしかない。私はそのことを知っている。

すこし長いあとがき、もしくは七頭目

二頭目の鹿を撃った場所にほど近いところで、よりよい待ち伏せ場所を見つけ、座って眠っていた。

なんとなく昼寝から覚めて、あたりを見まわしたが、なにも変化はなかった。

一〇分もぼーっとしていただろうか。左目の隅に動くものがある気がした。目をやると、二頭の鹿が四〇メートルほど離れた小尾根の上を歩いていた。

鹿の歩く音やヤブがこすれるような音はせず、無音の映像はスピーカーの壊れたテレビのようだった。私は親指で安全装置を探り、解除した。

前を歩いている鹿が斜面をすこし登ったところで歩みを止めて後ろを振り返った。後ろには小ぶりの鹿がついてきていた。この二頭も母子の鹿なのだろう。私は銃をあげた。

立ち止まっている母鹿を撃つべきか。後ろの子鹿を撃つべきか。

子鹿のほうがおいしい、と思ったが、距離が遠かったので、的として大きい母鹿を選んだ。母鹿の身体の真ん中に照準を合わせ、引き金に指をのせた。樹林の向こうに立ち止まっている母鹿は見にくく遠かった。動くのではないかという焦りもあった。

気持ちが定まらないまま、引き金を引いた。無音の世界に突然銃声が鳴り響いた。外れたような気がした。

母鹿が弾けるように走り出した。やはり弾は外れたらしい。私はボルトを操作して次弾を込めた。二頭の鹿は混乱して、ぴょんぴょん跳ねるようにヤブを駆け回っている。私は狙いを定めることができず、半端に銃口をあげたまま、二頭の鹿を交互に目で追った。

母鹿は尾根の向こうに姿を消した。子鹿はどうしていいかわからず数回跳んだかと思えば止まり、また二、三回跳ぶ。尾根の向こうから母鹿がふたたび姿を現し、私のほうに駆けてきてから左の斜面を登りはじめた。どこから撃ちかけられたのかわかっていないのだろう。母鹿はさっきより私に近く、二〇メートルほど先で斜面を登っていた。

銃の照準をその母鹿にあわせた。母鹿は一〇メートルほど登ったところで動きを止め、軽くあたりを見まわした。子鹿を探しているのかもしれない。

アタル、という静かな予感とともに私は引き金を引いた。銃声と同時に母鹿が座り込むように崩れた。

「よし」と思う。

母鹿はゆっくりとササヤブの斜面を滑り落ちて、ケモノ道に引っかかるように止まった。

ふたつ目の銃声で完全に冷静さを失った子鹿はあたりを飛び跳ねるように走り回った。私のすぐ近くまで飛び跳ねてきて、すぐ下を通って、右に抜けていった。

私は子鹿が私のそばに来たときに銃を向け、「バァン」と撃つ真似をした。

目を戻すと母鹿はさらに斜面を滑り落ちていた。ちらっと見ただけだが、もう逃げることができないことは見てとれたので、荷物をまとめてから母鹿に向かって斜面を下りていった。右奥のササヤブから子鹿が母鹿を呼ぶ、ピッピッというかぼそい声が聞こえてきた。彼、もしくは彼女はこの冬を単独で越せるだろうか。

斜面の下では背骨を砕かれた母鹿が前足だけをばたばたと動かしていた。目を剝くようなまなざしで私を見て、前足をばたばたさせて、また私を見た。

私はナイフを出して、耳をつかんで押さえるようにして、頸動脈を切った。鹿の叫び声に対する心構えはできあがっていた。

四シーズンで私が撃ち殺し、食料にした八頭すべての話がこれでおわる。弾があたって回収できなかったのがおそらく二頭。どこかで息絶えているはずだ（ごめんなさい）。

弾が当たったにもかかわらず、かすり傷程度で走り去ったのが一頭。それは大きなイノシシだった。鎧《よろい》とよばれる背脂《せあぶら》に私の猟銃から発射された弾を入れて、今もどこかで健在のはずだ。狙って撃ったにもかかわらず、当たらなかったのが一〇頭くらいだろうか。

読んでいただければわかるとおり、本書は優れた狩りについて語ったものではない。どちらかというとバタバタとした個人的狩猟体験を書き連ねたものだ。私より狩りの上手な人は世界中にごまんといるし、狩りにまつわる面白い話はそれ以上にたくさんある。書いてあることが場所によってちがっていたりするのは、論が破綻《はたん》しているのではなく、いくつかのことが矛盾を含んで絶えず変化しながら私の中に存在しているためだ（おゆるし下さい）。

とはいえ、それなりに本気で取り組んできたので、自慢気な部分がないといえばウソになる。初心者なりにまあまあ猟果があったのは、日本中で鹿が増えているからだ（温暖化の影響と言われている）。増えた鹿は、高山植物を食い荒らして植生を変えてしまう、山蛭《ヤマビル》（血吸い蛭）の棲息範囲を広げるなど、現在では社会問題のひとつになっている。人間社会の問題ということだ。

登山も狩猟も、行為としては現場で完結している。登頂して無事下山すれば、登山は終了だし、ケモノを首尾よく仕留めて、食肉として処理できれば、狩猟行為は終わっている。登山や狩猟を文字に置き換えるのは、登山でもなければ狩猟でもない、まったく別の表現行為である。

若いころは意味や理由を深く考えずに、ただ山に向かっていた。つぎの登山で死ぬかもしれないのに、へ理屈こねてもしかたがない。目の濁ったオヤジになるなら山で死んだほうがましだと本気で思っていた。クライマーとして死ぬか、体験を重ねた強者になるか、それ以外の選択肢は存在しなかった。

そうやって二〇年間山登りをつづけ、四〇歳を目前にして、体験を重ねた強者になったのか……はっきり言って疑問である。

じつは登山以前から私は、少年漫画→つげ義春→文学一般という道を歩み、文字表現へあこがれをはぐくんでいた。私にとって表現者のスーパーヒーローはミケランジェロと運慶である。文字表現者ではない二人に、明治の文豪たちと村上春樹を織り交ぜ、本多勝一なんかの影響も受けた先に、私の理想が浮かびあがっていく。だが、気がつくと表現欲はあるのに私の人生には語るべきことがなにもなかった。

現場での体験が圧倒的に欠如している——これはわれわれ第二次ベビーブーマーに共通する本質的な特徴である。「最近の若者は……」というセリフは古今東西共通のものだろうが、私たちの世代に対して発せられる場合は多くの面で的を射ている。国民総幼稚化の責任は、裏を返せば生き物としての体験を何も経なくても死なないで過ごせるような社会を、よかれと思って作ってきた上の世代のせいだ、と思う部分もあることはあるが、責任を他人になすりつけても「新人類」と揶揄されたわれわれに「語るべきもの」が生まれるわけではない。

語るべき現場での体験を求めて私は山に向かった。もちろん山が好きだったから現場に山を選んだのである。そして二〇〇〇年。危険で困難、ときには死ぬかもしれない登山を経て、生き物としての本質に迫る食料現地調達の長期登山であるサバイバル登山へシフトしてきた。

サバイバル登山を通して、命を食べないで生きているものは存在しないということはよくよく実感できた。そんなこと自然のシステムのなかに入れば、意識しなくてもまちがいなく体験できることである。だが現代人の多くは自然のシステムから遠く離れて生きている。生きるのに殺しを体験する必要もなくなった。

体験を失うとそれに付随する感覚や感情も失うことになる。命を奪わなくなると命を食べていることまで忘れてしまう。

私は体験を通してしか、生きることも殺すことも理解できない。それゆえ山に登り、ケモノを撃つ。鹿が死体になって目の前に転がっている事実から、その下手人である自分を強く意識する。私は鹿を殺すことで、自分の存在を確かめているのだ。

さらには残酷なことを実行してみることで、タフで図太いと気取りたい気持ちがあるのかもしれない。銃器に対する憧れのようなものも捨てられない。何より、獲物を追う、仕留めるという行為がおもしろくて仕方がない。おもしろいという言葉がわるければ、興味深いと言い換えてもいい。追う、狙う、仕留める（たいていは逃げられる）、解体する、精肉する、料理する、食べる（後片付けする）。この行為を魅力的でないというなら、何を魅力的といえばいいのだろうか。

語るべきものが欲しくて山に向かい、その体験をまとめて二冊の本を世に送り出すことができた（本書が三冊目になる）。

めでたしめでたしのようだが、映画や昔話と違って人生にハッピーエンドはない。こうなってみると登山者としての私が「おまえはものを書くために登っていたのか」と私を責める。

原稿を書くために登山をしたことはない、と言いきれない自分がいる。芸術に解説は要らない。作品だけがそこにあればいい。登山は登山行為で完結するべきだ。表現のための表現行為は濁っていないか……。

二一世紀のクライマーが登山表現者として何をすればいいのかは明確だ。ヒマラヤの壁を登ればよい。圧倒的で美しい壁に描かれる一本のラインはそれだけで芸術である。そんな登山をしたいという思いはある。だが、目標に向かって実際に一歩目を踏み出すかというと……踏み切れない。そこに含まれるリスクを冒してまで、私が今やるべきことには思えないのだ。死んでいった仲間に笑われそうだ。年齢を重ねるとは命が惜しくなることらしい。

一方で文字表現者としての私は、私の作品が自立しているかどうかを私に問う。私の作品は私の登山内容に頼ってようやく成立しているのではないのか。

そして最先端の登山から落ちこぼれていく私はもう一度「どうして山に登るのか」と自分に問いかけてみる。体験を積みたいとはどういうことなのか。目の濁ったオヤジになりたくないとは、どういうことなのか——。

深く生きたい、それが答えだ。

生きるとは覚悟である。覚悟とは折れない心である。折れない心とは命あるものの掟《おきて》である。人生はハッピーエンドで終わらない。私は格好よくなりたい。私が格好いいと思うのは、体験を積み重ねた深い人間である。そして私の自意識が、自分がどこまで深くなれたのかということを表現しろと私に迫る。

登山は登山だけで終了する。狩猟もしかり。だが文字表現は読者あってのものである。私にできることは読んでくれた人に「時間の無駄だった」と思わせないような作品を一つ一つ作り重ねていくことである。そのためにはそう、私は自分を深め、それを表す技術を磨くしかない。そこにはやっぱり山に登ることが含まれる。自分という深みへ絶えず潜っていく行為が含まれている。

本書を書くにあたって、まず、狩猟の世界を開いてくれた小菅《こすげ》村狩猟チームのみなさん、そして猟犬たち（大先輩です）にお礼を申し上げます。また、前作に続き、みすず書房の浜田優さんにいろいろとアドバイスいただきました。第五章で宿泊する廃屋「温井山荘別館」に関しては、下山後温井山荘に連絡のうえ、事後ではありますが使用承諾をいただいています。

二〇〇九年一〇月二七日

服部文祥

＊　本書に掲載された作品には、報告や記録として定期刊行物に発表されたものがある。すべて原形をとどめないほどに加筆されている。おもなものは以下のとおり。とくに記述がない章は書き下ろし。

第一章　巻き狩り（「みすず」二〇〇七年一一月号、みすず書房）

第二章　サバイバル登山（月刊つり人別冊「渓流」二〇〇八年四月号、つり人社）

第五章　狩猟サバイバル山行記（「みすず」二〇〇八年一二月号、〇九年三月号）

第八章　狩猟サバイバル山行記2（「岳人」二〇〇九年六月号、東京新聞出版局）
あとがきの一部（「新潮」二〇〇九年五月号、新潮社）
カバー表、一四頁、七八頁、一一六頁、一八八頁、二五七頁、写真撮影・西田省三

著者略歴

（はっとり・ぶんしょう）


登山家．1969年横浜生まれ．94年東京都立大学フランス文学科とワンダーフォーゲル部卒．大学時代からオールラウンドに登山をはじめ，96年カラコルム・K2，冬期の黒部横断から黒部別山や剱岳東面の初登攀など，国内外に複数の登山記録がある．99年から長期山行に装備と食料を極力もち込まず，食料を現地調達するサバイバル登山をはじめ，そのスタイルで南アルプス・大井川～三峰川，八幡平・葛根田川～大深沢，白神山地，会津只見，下田川内，日高全山，北アルプス縦断，南アルプス縦断など日本のおもな山域を踏破．それらの記録と半生をまとめた異色の山岳ノンフィクション『サバイバル登山家』が話題を呼ぶ．

フリークライミング，沢登り，山スキー，アルパインクライミングなど登山全般を高いレベルで実践する一方，近年は毛バリ釣り，魚突き，山菜・キノコなど獲物系の野遊びの割合が増え，05年からは狩猟もはじめる．現在，狩猟技術を使った冬期のサバイバル登山を画策中．

96年から山岳雑誌「岳人」編集部に参加．旧姓，村田文祥．

著書に『サバイバル登山家』（みすず書房）『サバイバル！』（ちくま新書），『百年前の山を旅する』（東京新聞出版局）．共著に『森と水の恵み』（みすず書房），編著に『狩猟文学マスタピース』（みすず書房），共編著に『日本の登山家が愛したルート50』（東京新聞出版局）がある．妻と三人の子供と横浜在住．

服部文祥

狩猟サバイバル

2009 年 11 月 25 日　第 1 刷発行
2015 年 4 月 10 日　第 10 刷発行

発行所 株式会社 みすず書房
〒113-0033 東京都文京区本郷 5 丁目 32-21
電話 03-3814-0131(営業) 03-3815-9181(編集)
http://www.msz.co.jp

本文印刷所 シナノ印刷
扉・表紙・カバー印刷所 リヒトプランニング
製本所 松岳社

ISBN 978-4-622-07500-4
[しゅりょうサバイバル]